Raina, Bulgarian princess

Alexander Veltman

Райна, королевна Болгарская

Александр Вельтман

Raina, Bulgarian princess

ISNB: 978-1-61895-269-1

Райна, королевна Болгарская

© Пресса библиотек, 2018

ISNB: 978-1-61895-269-1

Райна, королевна Болгарская

Глава первая

Перенесемся за тысячу верст, за тысячу лет.

Вы слыхали о великом Преславе, стольном граде Дунайской Болгарии, где знаменовались подвиги нашего удалого богатыря, добросанного князя Святослава? Где ж этот белый град великого царства? Какие холмы венчались его твердынями? Никто не знает, кроме султана, который в фирмане своем именует владыку шумлинского преславским.

Славный и страшный для Греческой империи двадцатый болгарский король Симеон[1], не возлюбив первой жены своей, женился на названой сестре одного греческого деспота, из Армян, по имени Георгия Сурсувула. По общей наклонности каждого Грека к филархии[2], Георгий нашел случай очаровать Симеона красотой сестры, и таким образом, по праву зятя королевского и по обычаю времени, воссел у самого подножия престола, в звании великого комиса, или, по-нашему, великого конюшего, и вместе с этим дядьки и кормильца наследников царства. Хоть краль Симеон имел уже наследника Вояна; но мачеха не родная мать; пасынок должен был уступить свое место у сердца отца кровным ее детям. Вояна воспитывали в монастыре, и по наклонности его к чтению церковных и мирских книг, по страсти к наукам, искусствам и

---

[1] Симеон (864–927), князь, а с 919 г. царь Болгарии. С его правлением был связан период наибольшего могущества и культурного расцвета Первого Болгарского царства. Под предводительством Симеона болгары вели победоносные войны с Византией, которая вынуждена была уступить часть Фракии, Македонии, территорию Албании и платила Болгарскому царству дань.– А. Б.

[2] Здесь: честолюбие, властолюбие. А. Б.

1

художествам и ко всему не свойственному чести королевского детища, решили посвятить его келейной жизни и постричь в монахи. Но Воян бежал; все пришли в ужас, потому что он унес с собою какую-то заклятую черную книгу. Книга эта с незапамятных времен заперта была в одной из башен, и никто не смел до нее коснуться. По этому или по другому случаю, только в народе пронеслись слухи, что Воян продал душу бесу, и не быть добру. В самом деле, вскоре королю Симеону приключилась смерть чудным образом.

Однажды Роман Лекапен, василевс Восточного Римского Царства[3], возвратившись с облавы на азиатской стороне Босфора, покоился от трудов во дворце Феофилии, построенном по образцу дворца халифов багдадских, где стены горели золотом, где разливались прохлады от цветущих платанов и водометов. Вдруг великий логофет[4] донес ему, что на Таврической площади совершилось великое чудо: статуя, представляющая Беллерофона на коне[5], превратилась в образ болгарского короля Симеона.

Роман содрогнулся. В это время Греция опасалась Болгар и воинственного духа Симеона. За четыре года перед тем он едва не взял Царьграда. А так как на мраморном подножии статуи была высечена таинственная надпись, заключавшая в себе, по словам толкователей, судьбу Царьграда и завоевание его неком великим героем, то очень естественно, что это событие возмутило весь Царьград, как предвещание падения Греческой империи,— тем

---

[3] Роман I Локапин – византийский император (920–944) из македонской династии (происходящей от армянских крестьян). Вел тяжелые войны с болгарским царем Симеоном, после смерти которого распространил свое влияние на Болгарию. Укрепил армию, сражался с русским князем Игорем (941 г.) и заключил в 944 г. мирный договор с Русью.– А. Б.

[4] Высший придворный чин в Молдавском государстве XIV–XIX вв., глава государственной канцелярии и хранитель большой государственной печати. В Византии логофетами назывались главы центральных ведомств.– А. Б.

[5] Беллерофон – герой греческой мифологии, совершавший свои подвиги на крылатом коне Пегасе, победивший злобное чудовище – Химеру.– А. Б.

более что известие о новом восстании Симеона на Грецию было причиной падения духа не только в народе, но и в войске. Император желал лично увериться в истине события. Возложив на себя багряницу и диадему, сделанную по образцу тахта царей персидских и подобную горе Эльборджу[6], блистающею алмазами и лаллами, с двумя истоками перлов, падающих на плеча, Роман воссел с помощью протостратора на коня и, сопровождаемый деспотами, севастократорами, панхиперсевастами, доместиками[7] и телохранителями, выехал на Таврическую площадь, где теснился народ в страхе и унынии около статуи Беллерофона, превратившейся в короля Симеона.

Кто избавит меня от этого проклятого Симеона? – вскричал Роман, взглянув на статую.

– Я! – отвечал, выступая из безмолвной толпы, безобразный человек в странной одежде.

– Кто ты? – спросил Роман.

– А вот кто: видите это изображение под стопами коня? Это я.

В самом деле, неизвестный был совершенное подобие химеры в человеческом виде, изображенной под стопами Беллерофона.

– Читайте надпись,– продолжал неизвестный,– в ней сказано: "Всадник придет покорить Царьград; но до этого не допустит человек, изображенный под стопами всадника". Дайте мне меч, я снесу голову Симеона с чужих плеч.

– Ты безумный,– сказал один из вельмож Романа,– мраморной шеи не перерубишь!

– Если не снесу эту мраморную голову и она не сгорит на огне, раскладывайте костер, сожгите меня,– отвечал неизвестный.

– Исполните его желание! – сказал Роман и, поворотив коня, медленно поехал ко дворцу.

– Вот тебе острый меч,– сказал один из телохранителей царских.

---

[6] Эльбрусу.– А. Б.
[7] Перечислены чины византийского двора.– А. Б.

— Не сдержишь слова, сожжем! — крикнула толпа.

— Раскладывай огонь! — сказал неизвестный и, взяв меч из рук воина, вскочил сперва на мраморное подножие статуи, потом на круп коня, схватился за шишак[8] всадника, взмахнул мечом, и голова Симеона отделилась от туловища Беллерофона.

— Видели? — вскричал неизвестный, показывая голову изумленному народу.

Соскочив с коня и с подножия, он бросил голову на пылавший костер. Ее обхватило пламенем, огонь затрещал, искры посыпались водометом.

Испуганный народ разметался во все стороны.

— Видели? — раздалось снова в толпе, обданной густым дымом.

Дым пронесло ветром.

— Где же он? — спрашивали с ужасом все друг у друга, смотря то на истлевший костер, то на обезглавленного Беллерофона, то озираясь кругом и не видя нигде чудного человека.

Это событие, исторически верное, излечило народ от панического страху при одном имени Симеона; и если бы Симеон перешагнул уже городские стены, то все спокойно были бы уверены, что Царьград непобедим. Но страннее всего было то, что Симеон умер в тот день и час, в который превратившемуся в его образ Беллерофону снесли голову.

По смерти Симеона вступил на болгарский престол сын его Петр. При нем Болгарию стали одолевать беды. Турки, Хорваты и Сербы, узнав о смерти грозного Симеона, поднялись на нее войною; тучи саранчи с еврейскими таинственными писаньями на крыльях носились над полями и опустошали нивы. Брат Петра, Иоанн, по тайным внушениям, стал питать зависть и строить ковы; Петр постриг его в монахи, заключив в темницу; но он бежал. В монашествующем Михаиле, третьем сыне Симеона, загорелась

---

[8] Шлем.— А. Б.

также жажда к власти, и он, сбросив рясу, явился в голове недовольных.

Во всех этих бедах комис Георгий, с старшим своим сыном Самуилом, так искусно умели проявить себя в глазах Петра и народа хранителями царства, что без них, судя по громкой молве, погибнуть бы Болгарии. Страшные неурожаи вынудили Петра обратиться к помощи Греции и искать дружественных отношений. Отправленный послом клеврет комиса Георгия Сурсувула, уроженец Херсониса, Георгий калокир, из собственной филархии, вопреки выгодам друга своего, подал благой совет василевсу Роману запустить, как говорится, лапу в Болгарию посредством родства с Петром. Роман для такого благого дела не пожалел внуки своей Марии, дочери кесаря Христофора. Калокир возвратился в Преслав с патрицием Никитой, торжественно объявил об успехе своего посольства и тайно возмутил душу Петру неописанной красотою кесаревны, сообщив ему образ ее как живой, писанный на деке и облеченный в наряд царственный, шитый золотом и осыпанный драгоценными камнями. Очарованный Петр принял предложение василевса приехать в Царьград, тогда как комис Георгий готовил для него невест на выбор. От комиса скрыто было намерение короля, и потому он не противился поездке его в Царьград. Сочетание Петра и Марии совершено было в присутствии всего сигклита в церкви "Святой Богородицы при кладязе", и Роман повелел устроить славное и пребогатое угощение. Комис был поражен как громом, узнав об этом событии. Влияние его на Петра кончилось с прибытием Марии в Преслав.

От Марии Петр имел двух сыновей: Бориса и Романа — и дочь Райну, мирским именем Бериславу. Марией держался мир Болгарии с Грецией. Сыновья ее воспитывались в Царьграде при дворце отца, и все отношения были дружественны и выгоды обоюдны. Но едва умерла Мария, влияние хитрого комиса на ум Петра возникло с новою силою. Комис приобретал всеми средствами общую любовь; это был коварный народоласкатель; потворствуя страстям, он уловил всех вельмож и бояр, которые имели голос и вес. Все доброе шло от него, все злое от Петра; вся гроза от короля, вся милость от комиса. По образцу эллинской и римской премудрости, его окружали "люди шопотники, на языке службу носящий". Старшему и любимому своему сыну Самуилу передал он власть военачальника; прочие его сыновья: Давыд, Моисей и Аарон – творили волю отца в областях.

Боясь присутствия при короле взрослых уже и образованных сыновей его Бориса и Романа, комис умел устроить так, что при вступлении на престол константинопольский Никифора они остались заложниками условий возобновленного мира. Едва мир был утвержден, как он уже изыскивал средства нарушить его. По условию, Болгары обязаны были не пропускать Торков, или Угров паннонийских, через Дунай и свои земли, делать набеги на греческие области; но Угры свободно проходили на разбой. Никифор напоминал об условиях; наконец стал грозить:

– Вот, краль Петр,– сказал комис,– до чего мы дожили! нам велят стоять на страже по границам греческим; да беречь их!

– Кто велит? – спросил горделиво Петр, которого самолюбие легко затрогивалось.

– Кир Никифор велит; что ж делать, придется выгнать весь народ на Дунай, на сторожу, чтоб не пробралась где шайка Угров да не прошла в Грецию и не ограбила какую-нибудь деревню: за всякую собаку, которая перебежит через нашу землю и укусит Грека, мы обязаны отвечать киру Никифору...

– Я? Буду ему отвечать? – вскричал Петр.

– Будешь, если обязался.

– Старик Георгий, на голову твою выпал снег и, верно, кровь остыла в жилах!

– Нет, не остыла; если б моя воля, давно бы очистил я Загорье от Греков, не стал бы с ними ни родниться, ни брататься; знаю я их: дождь по капле падает, да хуже моря топит.

– В первый раз говоришь ты мне такие речи,– сказал Петр.

– Нрав твой склонен к миру, и воля твоя клонилась к миру; а воле твоей королевской противиться я не мог.

– Союз с Греками служил нам в пользу.

– Да, угладили они нам путь к гибели. По воле своей ты сроднился с кесарями; по воле покойной королевы дети твои в Царьграде...

– Так что ж? – перервал сердито Петр.

– Ничего еще, они жили у родных; при Романе им было хорошо; а при правителе стратиоте[9] Никифоре и наследникам Романовым стало плохо. Да не о том дело: стратиот Никифор теперь муж Феофании, вдовствующей василиссы, правит царством[10] и требует от нас покорности воле своей...

– Этого никогда не будет! – вскричал Петр.

– Вижу теперь сына Симеонова: на угрозы отвечает грозою! – сказал хитрый комис и, пользуясь необдуманным гневом Петра, немедленно отправил посла греческого с отказом наотрез: "Болгария не область греческая, стережет свои границы, а чужих стеречь не будет".

– Эти варвары глупы, не знают собственных выгод, с ними дружбы не сведешь,– сказал Никифор известному уже нам калокиру, который по соглашению с комисом служил при дворе цареградском, употреблялся при сношениях с Болгарией и двоил душу как слуга императора и друг комиса.

---

[9] Стратиотами в Византии назывались крестьяне, за владение неотчуждаемым земельным наделом обязанные военной службой. В X в. из них формировалась тяжелая, закованная в латы кавалерия катафрактов. Зажиточные крестьяне, свободные от всех государственных налогов, кроме поземельного, дали империи немало видных государственных деятелей.– А. Б.

[10] Никифор II Фока – византийский император (963–969), из знатного малоазиатского рода, проводил политику, отражающую интересы стратиотов. Военная реформа Фоки признала катафрактов основной силой армии, с которой император вел победоносные войны с арабами. В 966 г. Никифор начал войну с Болгарией, которую, судя по византийским хронистам, люто ненавидел. Убит в результате заговора Иоанна Цимисхия у себя во дворце.– А. Б.

7

— О, деспотос,— сказал он Никифору,— вместе с ответом Петра на твои требования пришли и ко мне вести из Болгарии: недобрые вести. Благо мое в твоих руках, и я не изменю пользам твоим.

— Говори мне эти вести,— сказал Никифор.

— Я истинно знаю,— продолжал калокир,— что король Петр заключил дружбу с Аварами Паннонийскими[11] и с Сербами, чтоб внезапно напасть на Грецию. Думаю, что это делается по чьему-нибудь внушению...

— Ты смутил душу мою,— сказал Никифор, задумавшись.— Подозрения твои справедливы, у меня есть враги... Ну, пусть перейдет Петр горы, я выйду к нему навстречу; а вместо знамен сариссофоры[12] понесут перед моими полками на копьях Бориса и Романа! Пусть посмотрит он, как хламиды их будут развеваться в воздухе!

— О, деспотос! — сказал калокир, усмехаясь.— Этого-то и добивается дядя короля Петра и мой друг. Кому же наследовать престол, как не ему или не его сыну, когда королевский род прекратится.

— Для меня все демоны равны; а во всяком случае надо покуда оградить границы от Болгар не хартиями, а оружием. Теперь все силы мои в Азии, нанять некого, Фаранги[13] служат у пап да в войске императора Западного.

— А Руссы? с Руссами предстоит тебе союз славный. Дозволь мне ехать в Русь, отвезти дары к великому жупану Киовии и вызвать его воевать Булгарию.

— Сан патриция, если исполнишь это удачно и мне по сердцу; земли в Херсонисе Таврическом во владение.

---

[11] Аварийский каганат с центром в Паннонии был окончательно разгромлен в VIII в., а сами авары (древнерусские обры) растворились в массе других племен; отсюда пословица "Повести временных лет": "погибоша, аки обри". Здесь Вельтман имеет в виду угров – венгров.– А. Б.

[12] Копьеносцы, тяжеловооруженные пехотинцы, составлявшие фалангу (от "сариссы" – длинного копья).– А. Б.

[13] Здесь: франки, служившие наемниками.– А. Б.

Калокир поцеловал полу порфиры[14] Никифора и вскоре отправился в Русь.

А между тем в Преславе комис строил новые ковы. Старший сын его, Самуил, страстно был влюблен в королевну Райну. Он как будто угадал желание отца своего, который давно обдумывал этот союз, как надежное звено для своих замыслов.

После смерти королевы Марии по его избранию приставлена была к Райне в мамы старая Тулла. Посредством ее думал он действовать на душу королевны и поджечь юное сердце, в котором не загоралась еще заря любви.

Когда комис назначил приступить решительнее к делу, Тулла, как морская черепаха, поднялась на задние лапы, вытулила из костей сухощавую голову, вытаращила глаза и, вооружась костылем, стала ухаживать за Райной, обаять ее всеми таинственными наговорами любви и распалять воображение девушки, чтоб заманить ее голубиную душу в сети и сдать с рук на руки Самуилу. Она ворожила и гадала ей про суженого, описывала Самуила с головы до ног.

— Черновлас, велеок, полнома очима, чернома зеницама, взнесенома бровма, луконос, смагл, надрумян, телом на четверти, коротоший, посмедающь усом, доброрек, борз и храбр... Вот каков твой суженой, королевна.

— Какой нелепой, точно как Самуил,— отвечала со смехом Райна.

— Дитя, дитя! что выходит на долю твою, то сбудется; смотри, если не сбудется, от предреченья не уйдешь. Теперь кажется тебе, что не нравится, а как само сердце загадает, душа запросит любви, и будет тебе сниться все он да он.

— Кто он?

— Суженой, что вышел на долю твою.

— Луконосый Армянин? — произнесла Райна с презрением.

Старуха видела, что без чар не обойдешься. Велось некогда

---

[14] Багряница, пурпурная царская одежда.— А. Б.

доброе поверье: "будет у тебя голубиное сердце, будешь любим всеми". Заветный смысл этого поверья исчез посереди невежества и обмана; потому что легче было вынуть сердце из голубя и велеть носить его за пазухой, нежели научить, что, уподобляясь нежностью и добротою души белому голубю, можно приобрести взаимную любовь. И вот умному поверью дали толк безумный, на зло истине и на гибель белым голубям.

Тулла добыла голубя и голубку, вынула из них сердца, нашептала что-то над ними, высушила в печи, зашила в ладонку и велела Самуилу надеть на себя.

Доверчиво исполнил он наставления старухи; для него было все равно, чем бы ни приобрести согласие Райны отвечать на его любовь: взаимным ли сочувствием любви или соблазном и чарами старух.

Глава вторая

Посереди общего расстройства дел дух короля Петра также был расстроен.

По смерти королевы Марии он сложил все заботы на комиса, который издавна приучил его тяготиться ими и любить только блеск и свои преимущества. Торжественность празднований, охота, травля и ловля были главными его занятиями, а все остальное время – негой отдохновения. Ничто не доходило до слуха его иначе как через уста комиса. Однажды что-то разбудило его; он очнулся и видит перед собой старца, совершенное подобие отца своего.

– Петр, Петр,– произнесло видение,– вверился ты в комиса,

погубит он и тебя, и детей твоих, и царство твое; пришел я предупредить тебя...

Петр вскрикнул от ужасу.

Видение скрылось. Наяву было это или во сне; но он не мог уже сомкнуть глаз до утра и встал мрачен и задумчив. Воспитанный в суеверии дядькой и кормильцем своим, он верил в предвещания: явление и слова отца совершенно возмутили его душу; комис вдруг стал ему страшен, и он думал, как бы удалить его от себя.

Петр никогда не любил комиса; но уважение к воспитателю своему и убеждение в его верности и преданности, привычка зависеть от его советов сделали комиса правой рукой Петра, которую страшно было отнять от плеча.

Когда комис вошел, Петр содрогнулся.

— Ты что-то не в добром духе, король,— сказал он ему.

— Да, задумался о детях... они живут при Никифоре как заложники мира, а мы нарушаем мир.

— Не бойся, король, мы их выручим из рук Никифора,— отвечал комис,— он не смеет ничего сделать королевским твоим детям, или мы снесем весь Царьград в море!

— Послушай, Георгий...— произнес Петр нерешительно.

— Что повелишь, государь?

— Проси у меня милости... я готов для тебя все сделать... вознаградить твою верную службу.

— Государь, отец твой и ты осыпали меня своими милостями,— отвечал комис,— какой же милости остается мне желать?.. Я возвеличен уже до родства с царской кровью, ношу имя твоего дяди, хотя покойная королева, мать твоя, и не была родной мне сестрою, но если воля твоя...

— Проси, проси! — сказал Петр.

— Как к родному лежало мое сердце к тебе... и если оно чувствовало, что предстоит мне высокая почесть...

— Какая же? — спросил Петр, скрывая гнев и догадку свою.— Говори, я воздам тебе почесть...

— Дозволь мне умолчать теперь, король;– сказал комис, целуя руку Петра,– милости твои неизглаголанны, и если ты изречешь и эту милость, то старость моя не перенесет счастья...

— Догадываюсь я, – сказал Петр с притворным спокойствием,– да знаешь ли ты, Георгий, сердце моей дочери?

— О, если дозволишь сказать тебе истину: знаю,– отвечал комис, радостно целуя руку Петра,– с малолетства отличила она сына моего Самуила милостями своими.

— И я знаю сердце своей дочери и говорю за нее, что за моего раба она не пойдет замуж,– произнес горделиво Петр.

Комис побледнел.

— Скажи же свату,– продолжал Петр грозно, указывая на дверь,– чтоб он съезжал со двора!.. Когда я возвращусь, чтоб его ноги здесь не было!..

Глаза комиса запылали зверским мщением; он вышел; а взволнованный Петр, казалось, сам испугался гнева своего и последствий и немедленно поехал в Малый Преслав, где был красный дворец королевский и зверинец.

Прошел день, другой, король Петр не возвращается. Райну, привыкшую видеть отца ежедневно, начинает беспокоить его отсутствие. Вдруг на третий день рано утром раздался соборный звон.

— Неда, Неда! – вскричала Райна к подруге своей.– Слышишь? Что это значит? Звон набатный!

— Ах, не сбор ли на войну против Греков! – отвечала Неда.

— Что ты это говоришь, Неда! братья в Цареграде.

— Так слышала я, королевна, давича побоялась я спросить при Тулле, зачем это вооружается дружина королевская и строится на дворе.

— Это недаром,– проговорила печально Райна,– а отца нет!.. Не дядя ли Иокица сделал опять набег?

— Королевна, Иокица, говорят, давно умер.

– Умер! все говорят, что умер; а комис Георгий говорит, что не умер, что его и мертвого надо бояться.

– Против шайки тати и гусаров будут ли собор собирать?

– Что ж это такое, Неда? – спросила опять Райна.

– Ой, война, война, кровавая постеля! – проговорила печально Неда.

– Ой, Неда, Неда,

> Не хладный камень –
> Сердце опало! –

проговорила Райна со вздохом слова одной песни.

– Чу, по всем монастырям звонят... точно как плачевный звон по покойной королеве.

– Ой, Неда, Неда,

> Не из-под камня
> Бьет ключ горючий! –

продолжала Райна; и на очах ее копились слезы.

– Ни отца, ни братьев со мной! и головы приклонить не к кому!.. Майя моя! были мне радости, покуда ты была жива, а умерла, горький мне плач и огненные слезы!

– Чу, бубны и трубы! Шум какой! – вскричала Неда.– Пойдем на вышку, призови Туллу! да узнай, не приехал ли король!

Неда выбежала; а Райна боязливо смотрела в окно, из которого видны были сквозь деревья только скалы над монастырем и виноградники маторские.

Красота юной Райны уже славилась в народе. "Добросанна, добра и благородна королевна наша,– говорили все, кто видел ее,– красен и чуден ее образ, ясны очи, черны зеницы, румяный лик приосенен долгою владью; нет ей двойнички на белом свете!"

— Да, верно, недобрая весть пришла! — кричала Тулла, входя в горницу королевны.

— Какая же весть? скажи, Тулла! О боже, пронеси мимо нас печали!.. Что ж ты молчишь, Тулла?

— Не знаю, не знаю сама, что такое! — отвечала старуха.— Да чему ж худому быть? Ведь над нами бог.

— Отчего ж измерла душа моя!.. Пойдемте на вышку. И Райна, схватив старуху за руку, повлекла ее за собой.

Они прошли сени и переходы, вышли на стену и потом взобрались на башню летнего дворца королевского, возвышавшегося на одном из холмов посереди саду.

С вышки открылся весь Преслав. Он лежал в ущелье хребта, отделявшегося от Гема; с юга и севера его ограждали скалистые крутизны, а со стороны восточной каменная стена, за которою взор блуждал по цветущей, роскошной природе, по горам, одетым лесом, по скатам, устланным бархатными цветными коврами лугов, по мрачным ущельям, по холмам и скалам.

Вышеград, или главный королевский двор, венчал зубчатой оградой холм, над ручьем, извивающимся от "святаго кладезя" в горах, с западной стороны города. На луговой стороне были палаты митрополичьи, при соборном храме Святого Георгия; вокруг стен гостиный двор с лавками Греков и Армян. Домы жителей были разбросаны по скатам между виноградниками и по холмам посереди фруктовых садов.

Соборный храм Святого Георгия был одинакового зодчества со всеми храмами, которые мы привыкли называть храмами греческой архитектуры, но которые свойственнее называть зодчеством восточной Церкви; оно существовало в Галин еще при Меровингах[15]. Это было четвероугольное здание с мрачными сводами на четырех столпах, с главой и кровлей, крытой медными и вызолоченными листами. Внутренние стены покрыты были

---

[15] Первая королевская династия во Франкском королевстве (457–751).- А. Б.

священной живописью, мозаикой, позолотой и резьбой; перед алтарем иконостас. Вокруг храма крытая паперть, украшенная также рядами изображений святых Старого и Нового завета, ликами патриархов, пророков и великомучеников. С восточной стороны паперти была крытая площадка, выдающаяся на площадь; здесь у стен было место королевское, и отсюда повещали народу решения собора.

Весна только что водворилась посереди очаровательной природы, которая, как щедрая, богатая мать, устилала детскую колыбель шелковыми узорчатыми тканями и дышала так благотворно, убирая вязями цветов майское дерево к наступающему семейному празднику. На яблонях, черешнях и абрикосах распустились опалы; капли росы то искрились, как алмаз, то, подернувшись инеем, осыпали листья мелким перловым бисером. Тут все богатство было живое, вся роскошь одушевленная, весь блеск неискусственный; тут была не безобразная пустыня, куда изгнанник и отшельник от бытия райского сносили камни и металлы с кладбищ природы и посереди труда, уныния души и вечного недостатка в жизни становились живыми мертвецами.

– Неда, Неда,– вскричала Райна с смущенным чувством, когда перед ней открылся весь Преслав,– посмотри, народ стекается со всех сторон, звон по всем монастырям!.. Дружина выступает со двора на площадь!..

– Да, да,– сказала Тулла, всматриваясь,– это комитопул[16] Самуил ведет ее.

– Ах, Неда, Неда, мне что-то страшно! – проговорила Райна.

– Чего же нам страшиться! – сказала Тулла очень спокойно.– Под защитой сына комиса Георгия нам нечего страшиться, королевна: дерзкий, храбрый юнак, сам стрелец!.. Посмотри-ка, душица моя, кажется, это под ним выступает гордо конь?.. Да под кем же и гордиться коню, как не под ним... Посмотри-ка, ведь это он

---

[16] Сын комиса.– А. Б.

солнцем блестит: шитая златом гунь[17] серебряная, меч в руке... Что, он?

— Ах, не говори мне об нем, Тулла! — сердито отвечала Райна.

— Не говори! я не тебе и говорю... я сама себе говорю, что краше и храбрее его нет во всем царстве... Я старуха, да любуюсь, глядя на него... а девице не диво и заглядеться.

— Тулла!..— вскричала невольно Райна.

— — Господица ты, да еще не госпожа моя, что так изволишь окликать! — произнесла старуха, озлобясь.— Не в послушницы к тебе я приставлена!

— Оставь меня! — сказала Райна, отходя от старухи.

— Не знаю, кого слушать, тебя ли, кралицу незрелую, или короля, родителя твоего; он приказал мне тебя, его и слушаю; родной матери нет, так какая есть!..

— Раба! Король, отец мой, не дал тебе материнской власти надо мною!

— Напрасно величаешь меня Болгарыней, я не Болгарыня, не подвластная! я все-таки не ослушаюсь приказа королевского. Да, впрочем, бог его знает, где теперь король; комису поручил он власть и двор свой,— пойду к нему, скажу, что ты изволишь изгонять меня!.. Не ждать же суда королевского... дождешься его или нет!

— Горькая Армянка! — вскричала Райна, взглянув с ужасом на озлобленную старуху.

---

[17] Телогрея, кожух. А. Б. сверх брони, шлем, кованный из злата, ченка Чельник головной наряд; челка боевой значок, хоругвь. А. Б.

Глава третья

Кому неизвестен русский великий князь Святослав, отец того Владимира, которому Волжские Болгары Бохмичи предлагали семьдесят гурий на том свете, с тем чтоб на этом свете "свинины не ясти, вина не пити", и который отвечал им: "Руси есть веселие пити, не может без того быти!"[18]

Святослав был последний представитель быта владетельного рода Руссов – поколения древних земных богов[19].

Воспитанный в обычаях и древнем веровании деда и отца, Святослав шел по стопам великих предков-воителей, жил на коне, спал на седле, не под шатром, а под богом, острая сабля под боком; "тако ж и прочий вой его бяху вси"[20].

Ус его был злат, как у Перуна, борода бритая – для воина, которому вечно должно быть молоду, борода бы изменила. Так велось исстари и в царстве индейском, где также раджи не носили бороды и свято исполняли закон, которым воспрещено было каждому раджану, воину, употреблять против неприятеля бесчестное оружие, как, например, палку, заключающую в себе остроконечный клинок, зубчатые стрелы, стрелы, напитанные ядом, и стрелы огнеметные. Раджаны не нападали ни на спящего, ни на безоружного, ни на удрученного скорбью, ни на раненого, ни на труса, ни на беглеца.

---

[18] "Повесть временных лет" (под 986 г.) приписывает эти слова великому князю Владимиру Святославичу.

[19] – В работе "Индо-германы или Сайване" Вельтман производил слово "Руссы" от древнеиндийского "Раджи".

[20] В летописи о вос-питании Святослава сказано: "Когда Святослав вырос и возмужал, стал он собирать много воинов храбрых. И легко ходил в походах, как пардус, и много воевал. В походах же не возил за собою ни возов, ни котлов, не варил мяса, но, тонко нарезав конину, или зверину, или говядину и зажарив на углях, так ел. Не имел он и шатра, но спал, подостлав потник, с седлом в головах. Тако же и прочий вой его вси бяху".

Таков был и Святослав, "тако ж и прочий вой его бяху вси". Терпеть не могли немецкого оружия, клинков, а любили полосы[21]. Сызмала Святослав рос богатырем, сызмала не любил просто ходить, а любил ездить, хоть на палочке, да верхом скакал он по палатам и за малейшую несправедливость объявлял войну и сражался то с мамой, то с няней, то с кормильцем своим Свенальдом.

Будучи еще детском, лет десяти, он подал знак к сражению, как говорит летопись, и "суну копьем на Деревляны". Хоть копье недалеко улетело: "лете сквозь уши коневи и удари в ногу коневи; бе бо детск". Но князь почал, а дружина кончила дело победой[22]. В 964 году Ольга передала державу сыну своему. Это был год его возмужания. По обычаю, бояре, старшины всех областей и народ собрались на вече. Дружина Святославова, во всеоружии, окружила посад. Старый жрец совершил богам молитву и возгласил, что следовало по обряду. Как водится, море народа, безмолвно внимавшее словам вещуна, вдруг заколебалось, загрохотало во здравие великому князю. Четыре могучих воина выступили вперед из рядов, взяли большой щит княжеский. Святослав воссел на щит, воины подняли его на плеча и понесли вокруг посада, сопровождаемые вельможами двора, при шумных кликах народа и ударов дружины мечами в кованые щиты. Совершив три раза круг, Святослава взнесли на посад, препоясали мечом, облекли в

---

[21] Слово полоса Вельтман производил от древнеиндийского палас (полоса меча); здесь показывается, что руссы хранили традиции своих индоевропейских предков. Возможно, автор учитывал и сообщения римских авторов о преобладании у древних германцев (сайван, которых он считал славянами) длинных рубящих мечей над колющим оружием.

[22] В походе на древлян 946 г., сообщает "Повесть временных лет", когда сошлись оба войска для схватки, "суну копьем Святослав на деревляны, и копье лете сквозе уши коневи, и удари в ногу коневи, бе бо детск. И рече Свенелд и Асмолд: "Князь уже почал; потягнете, дружина, по князе". И победили древлян. Начало боя полководцем, бросающим в сторону противника копье или стрелу,— индоевропейский обычай, по древнейшим источникам известный на Руси, у литовцев, скандинавов и других народов.

багряницу и в весь "чин великокняжеский". Потом он извлек меч из ножен, а все боярство и дружина его сложили щиты, обнаженные мечи, обручи и все оружие на землю. Потом изрек он со всем боярством своим и дружиною верную клятву, клялся оружием и Перуном ходить по вере и закону, хранить любовь правую ко всем "иже суть под рукою его, светлого князя, необлазно и непреложно, покуда солнце сияет и весь мир стоит, и быть щитом и оградою русским людям, и, да сохраним, аз и иже со мною и подо мною, да имеем клятву от бога, и в него же веруем, да будем золоти яко золото, и своим оружием да изсечени будем"[23].

По окончании обета поднесли Святославу заздравную чашу браги, певцы загремели здравие, он поклонился на все четыре стороны, выпил и, хваля и славя бога, сел "на столе дедни и отни".

Только что наступила весна, Святослав начал собирать рать. Полки Словен, Чуди, Кривичей, Мери, Древлян, Радимичей, Полян, Север, Хорват, Дулебов и Тиверцев, под общим именем Руси, сошлись на берегах Днепра. С ними решил Святослав положить конец хазарскому владычеству. Прежде всего покорил он Вятичей, подвластных Хазарам. Их старейшины – тиуны и жрецы – веданы встречали по берегам Оки и Волги победителя с хлебом и солью. Святослав принимал от них дары и клятвы в кирметах, а Хазарам, правителям и обладателям их, говорил: "Вы досыта пили и яли, а ныне идите уже прочь! " – и велел им идти к своему кагану, чтоб выставлял на всех градах хазарских знамя войны – "бо хощю на вы итиь. На другое лето Святослав сдержал свое слово. По летописям восточным, в 358 году Эгиры, то есть в 968 году, пришел он по Волге на пятистах судах, покорил города Болгар, Хазеран,

---

[23] Вельтман перефразирует клятву русичей из договоров Руси с греками 912 и 945 гг., приведенных в "Повести временных лет". Помещенное выше описание вокняжения Святослава – художественная реконструкция: в источниках это событие не отразилось.

Итиль и Семендер, изгнал отсюду и Хазар – правителей и их ученых – Халдеев, и с этого времени об Хазарах ни слуху ни духу.

Святослав, как "войник", не мог пробыть без ратного дела, особенно в то время года, когда благие духи, а за ними вслед священная египетская птица аист, и птицы певчие тысячегласные, и ласточки благовестные, и сковранцы прилетают из райских стран погостить в скифские земли, одушевить собою красное лето посреди пустынь, оживить человека и научить его петь песни.

Возвращаясь из походов к началу руиной осени и сотворив требу богам с людьми своими и пир на весь мир, Святослав, как легкий пард, тружаяся ловы деять[24], и таким образом время его проходило на зною и на зиме, на войне и на ловле, ночь и день, не ведая покоя, не блюдя живота, не щадя головы.

Рано женила Ольга прекрасного и воинственного сына своего, желая смирить в нем "дёрзый" нрав. От своей княгини имел он двух сыновей, Ярополка и Олега, но когда порасцвело сердце Святослава, он полюбил хорошенькую Ми-лянку, ключницу и ларечницу Ольги. Она была дочь боярина Малоша, из Любеча, что на Днепре, близ Чернигова. Брат ее Добрень, или Добрыня Малкович, рос вместе с Святославом и был им любим за силу и удальство. От Ольги не скрылось, что сын ее преступает заповеди, в гневе своем сослала она Миляну в село Будотино на покаянье.

Святослав не любил своей княгини, Святослав полюбил Миляну так, из дружбы к ее брату; Святослав не знал страсти, он знал еще только любовь к удальству, и его душа порывалась на бой. Испеченная на углях конина или верина посреди ратного поля нравились ему более лакомого обеда, который готовил Торчин, старейшина поваров княжеских. Ему люб был только отдых на поле побед, когда, стоя на костях неприятельских под черным знаменем,

---

[24] Цитата из "Поучения Владимира Мономаха". О Малуше и ее брате Добрыне рассказывается в "Повести временных лет".

по совершении тризны по убитым, прилегал он на седло и смотрел, как воины его радостно делили богатую добычу, коней и оружие неприятельское.

После рушения хазарской власти Святослав собрал снова великую рать, чтоб идти за Волгу, но послы от заволжских племен явились с покорностию, и Святослав не знал, где искать ему врагов: со всех сторон приходили к нему с дарами и предложениями дружбы и мира. С запада от германского императора, с юга от греческого василевса; с севером он был в родстве и в ладу.

Что было делать воинственной душе Святослава посереди всеобщего мира? Святослав не любил пировать и столовать, как впоследствии пировал сын его, по обычаям заморским. Его столы были не браные, яства не сахарные, питья не медвяные. Не любил он и сидеть на золотом стуле, на рытом бархате, на червчатой камке, суды рассуживать, ряды разряживать, грозно костылем махать. Не было у него ни себе, ни людям неги и роскоши, жило все по старине и обычаю. Ни сам он, ни бояре теремов высоких не строили, красных девиц не неволили. Идет князь — большой за меньшего не прячется; на суде — умный дураком не ограждается, виноватый на правого вины не складывает[25].

Вокруг него нет невольников, все охотники; нет жен зазорных ни в Преславине, ни в Вышгороде, ни в Белгороде, ни в Берестовом[26]. Не метали при нем старцы и бояре жеребья на отроков и девиц, чтобы резать их в жертву богам, не осквернялась еще кровми земля русская и холм той[27], где стоял двор теремный,

---

[25] Перефразируются былины из "Сборника Кирши Данилова" с описанием "стола" Владимира Красное Солнышко, прообразом которого Вельтман считал великого князя Владимира Святославича.

[26] Намек на летописное сообщение о "блудодеяниях" сына Святослава Владимира.

[27] "Поставление кумиров на холме за теремным двором" "Повесть временных лет" приписывает Владимиру Святославичу. При нем, по летописи, "осквернилась кровью земля Русская и холм тот"; отроков и девиц для жертвоприношений выбирали но жребию (см. рассказы под 980 и 983 гг.).

да не стоял еще идол. Все эти заморские обычаи выведены были сыном его из заморья.

Что было делать Святославу: в мире мир наступил; а разбоем идти на чужие земли он не хотел, по обычаю моряков северных, и охота ему надоела. Он уже думал распустить собранную рать.

В это-то время, на счастье или на беду его, прибыл в Киев посол от греческого кира Никифора, известный уже нам Георгий калокир[28].

Подъезжая к городу и увидя шатры великой рати по берегам Днепра и людей на Днепре, посол спросил, что это значит, кого воевать сбирается русский князь? "А идем воевать Греков, брать с них золото да менять старые полотняные паруса на паволочитые!" – отвечали ему.

Калокир, поверив, торопился предстать перед великого князя, умилостивить и уластить его дарами. Когда доложили Святославу о прибытии греческого посла, он велел, по обычаю, созвать старцев

---

[28] В повести, как и в византийских источниках, калокиру уделено немалое место. Лев Дьякон рассказывает, что, отправившись было в Болгарию, император Никифор не решился начать войну и вернулся в Византию. "Почтив достоинством Патрикия отважного и пылкого Калокира, он послал его к Тавроскифам, называемым обыкновенно Россами, с тем, чтобы он, раздавши тысяча пятьсот фунтов врученного ему золота, привел их в землю Мисян (болгар.– А. Б.) для ее завоевания. Калокир поспешно отправился..." Далее Дьякон сообщает официальную версию Константинополя, появившуюся после того, как греки нарушили договор со Святославом: "Калокир, пришедши в Скифию, понравился начальнику Тавров, подкупил его дарами, очаровал лестными словами... и убедил итти против Мисян с великою ратию с тем условием, чтобы он, покоривши их, удержал их страну в собственной власти, а ему содействовал в завоевании Римского государства и получении престола". Тот же Лев Дьякон сообщает, что калокир пришел в Болгарию со Святославом, находился при дворе царя Бориса и в критические часы обороны болгарской столицы бежал к русскому князю (зная, видимо, что принесен в жертву вероломству императора). Его дальнейшая судьба неизвестна. А. Н. Сахаров считает, что тот же человек при новом императоре вернулся на дипломатическую службу (через 30 лет!) и возглавлял посольство Византии к германскому императору Оттону III. Но психологически кажется вероятнее, что именно этот калокир через несколько лет после описанных событий был посажен на кол за участие в мятеже Варда Фоки в Малой Азии, как о том сообщает Лев Дьякон.

градских, бояр и нарочитых людей[29]. Калокир явился посреди сонма со всем запасом даров, низко поклонился трижды князю, положил перед ним злато и паволоки и приветствовал от имени Никифора как от данника, приславшего оклады на грады русские, на Киев, Чернигов, Переяславль, Полтеск, Ростов, Любеч и на все прочие грады, где сидят великие князи, подвластные Святославу[30]. Объявил, что царь Никифор здравия желает брату своему, великому князю русскому, и что для дружной Руси все врата Греции отперты, и, ежели приедет Русь с куплею, да покупает сколько душе угодно паволок, и не запретит царь словом своим всем приходящим из Руси, и дает брашно, и якори, и ужи, и паруеы сколько потребно; а гости получат месячину на полгода, и хлебы, и вины, и мясо, и рыбу и различные овощи[31].

Потом поднес он Святославу драгоценный меч и просил да обнажит его на непокорных и насилующих Грецию Болгар, да покорит их королевство, и держит его во власти своей, и, храня дружбу с царем, да поделит с ним дани.

Лицо Святослава просияло, милостиво велел он идти послу в посольскую избу, ждать решения, и сказал старцам и боярам своим:

– Царь греческий шлет ко мне посла своего и дары многие. Не любы мне паволоки золотники, и серебряники, и каменье драгое, и хламиды багряные, и вины, и овощи многоразличные, а люб мне этот меч.

– Добро и честь великая тебе, княже,– отвечали старцы и бояре, – повелишь угостить послов и гостей всяким брашном и медом – угостим; повелишь отдарить скорою, воском и челядью – отдарим.

---

[29] Знатных людей.– А. Б.

[30] Дань с Византии установил Олег. В год 907-и, сказано в летописи, русские пришли к Константинополю и разбили греков. "И приказал Олег дать воинам своим на 2000 кораблей по 12 гривен по уключину, а затем дать дань для русских городов: прежде всего для Киева, затем для Чернигова, для Переяславля, для Полотска, для Ростова, для Любеча и для прочих городов: ибо по этим городам сидят великие князья, подвластные Олегу".

[31] Пересказ договора Руси с греками, помещенного в "Повести временных лет".

23

С Греками любо нам мир держать, от них нам дары, злато, серебро и паволоки.

– Болгары, данники Греков, крамолы ведут на Царь-град,– продолжал Святослав,– насильникам Уграм путь кажут через горы. Царь греческий зовет нас воевать землю болгарскую и держать во власти своей[32].

– О, богата земля болгарская, княже,– сказал сторожевой воевода дружины великокняжеской Претич. – В годину войны с Греками был я там с отцом твоим светлым князем Игорем. Там земля садом, цветом и дубравами украшена, горами опоясана. Велики в той земле горы под облаками, так велики, что солнце катится по вершинам. Хороши и города. В Загорье железняк, там родится железо, и куют там мечи и сабли с золотой насечкой и копья и стрелы калят. А скаты гор усеяны розовым цветом, из него же чинят благовонный елей. Багр и синету[33] красят там на диво. А свежая овощь, красная всякая ягода – вертоград земной!.. В дубнице кони верховые. В то время Греки дары вынесли нам, а Болгары дани не хотели давать, и послал меня отец твой, княже, с наемными Печенегами воевать землю[34]. Тут-то собрали мы добычу оружьем богатым, борзыми конями, шелковыми уздечками с бахромой да с золотыми бляхами. А Печенеги – волки в стаде! Придет в дом – напьется, насытит утробу, а потом требует с хозяина платы за то, что ломал зубы свои об его хлеб.

---

[32] Болгарское царство было "данником" греков лишь в мечтах византийских дипломатов. Проход угров к границам империи через Болгарию в качестве причины посылки калокира на Русь указывает византийский хронист XI в. Скилица: Никифор Фока "направил болгарскому царю Петру письмо, чтобы тот не разрешал туркам (уграм, т. е. венграм.– А. Б.) переправляться через Истр (Дунай) и причинять вред ромеям. Поскольку Петр не обратил внимания на эту просьбу и всячески обманывал греков, Никифор..." – далее следует история миссии калокира.

[33] Багряные и синие ткани.– А. Б.

[34] Под 944 г. "Повесть временных лет" сообщает, что, разгневавшись на предупреждение болгарами византийцев о русском походе, Игорь "повелел печенегам воевать Болгарскую землю, а сам, взяв у греков золото и ткани на всех воинов, возвратился назад к Киеву".

– И поделом ходящим в нечистотах! Та же Бохмитова вражья сила! – сказал великий жрец.

– Нет, отец, они кресту поклоняются, и народ добрый, храбрый, говорят людским языком, не то что наши наймицы Варяги. Увидишь сам, господине мой, княже, там тебе бы краситься и славиться.

– Дело решенное! – сказал Святослав.– Отпустить посла с честью и дарами. Рать готова, корабли снаряжены, пусть скажет царю, что иду.

– Так богу угодно,– сказал жрец великий,– да возвеличится в тебе, княже, сила сильных и слава славных!

Калокир был отпущен по слову князя; а вскоре Святослав, оставив воеводу Претича охранять Киев[35], прощался с матерью и с детьми, садился на свой великокняжеский корабль с шелковыми снастями, с парусами паволочитыми. У корабля великокняжеского, как у птицы, вместо очей были яхонты, вместо бровей черные соболи, вместо клюва два ножа булатные, крылья паволочитые, чертог муравленый, на чертоге беседа слоновий клык, подернута рытым бархатом.

Стали уже поднимать якори, как вдруг прискакали от печенежского князя Куря гонцы. На лихих конях примчались они к берегу, соскочили, сбросили епанчи и предстали перед князем в шелковых с закидными рукавами бешметах, перепоясанных кушаками, в желтых четвероугольных шапках с бобровыми околышами и с красными кистями; в сапогах с высокими каблуками; за плечами лук и колчаны; за поясом ножи. Без особых приветствий сказали они, что приехали от своего князя Куря; а

---

[35] Претич упоминается в летописи под 968 г. Когда Святослав был в Болгарии, Киев осадило бесчисленное множество печенегов. Собрав войско, Претич рассчитывал переправиться через Днепр и спасти из города "княгиню и княжичей". Воодушевив дружину словами: "Если не сделаем этого, погубит нас Святослав", воевода смело двинулся через реку. "Печенегам же показалось, что пришел сам князь и побежали от города врассыпную".

узнав Куря, что белый царь поднимается на войну, и сам идет с своей ордой служить по найму у белого царя[36].

– Скажите своему князю, что у меня много своего войска, наемного мне не нужно,– отвечал Святослав.

– Не ладно! – сказал один, тряхнув головой и взглянув на прочих.– Даром мы вымеряли поле!

– Найми, белый царь, эй, найми! – сказал другой.– Мы лишними не будем, а чужого добра и с тебя и с нас станет. Мы на десятую долю пойдем.

– Не нужно,– отвечали им.

– Воля ваша, а мы все-таки пойдем следом за вами, крохи подбирать, а случай будет, может, и понадобимся.

– Не велит светлый князь,– отвечали им.

– Что ж не велит, ведь мы не с вами будем делиться, а с черной птицей! уж запретите и ей летать за собой! – отвечали они сердито.

– Хоть в проводники возьмите сотню,– сказал один, мигнув своим товарищам и прибавив тихо по-своему: – Пусть возьмут сотню, в сотне будет место и целой орде.

– Не нужно,– отвечали им.

– Не нужно так не нужно, мы не навязываемся, пожалеете после, – отвечали Печенеги, накидывая епанчи и садясь на коней.

За великокняжеским крытым кораблем выгребали из пристани насады попарно, при звуках рогов и песен.

Старая княгиня Ольга провожала сына со слезами. Ей было более осьмидесяти лет. Народ стоял толпами по берегу и по горам. "Дай вам, боже, путь-дорогу и доброе здравье! " – раздавалось повсюду.

Воины совершили молитву, поцеловали родную землю, обняли родных и милых и вступили в насады.

---

[36] Печенегов, по сообщению летописи, нанимал князь Игорь; "Повесть временных лет" подчеркивает, что в 986 г., в отсутствие Святослава, они впервые пришли войной на Русь.

Как дружная стая лебедей, потянулись насады вниз по Днепру. Запасные ладьи в середине, с хлебом и солью, с живой птицей и с клетками вестовых голубей. Кони пошли берегом. Громко заливалась обычная песня:

То не ясен сокол вылетал из гнезда,
То не белый орел вон выпархивал:
Выезжал князь великий из Киева,
Светлый князь Святослав из престольного[37].

Глава четвертая

На площади Преславской, между королевским двором и владычным, стекался народ толпами; кнези сельские с кметами и момцами[38] мчались к раду[39] преславскому, желая скорее узнать причину соборного звону. Игуменство из ближайших монастырей и старейшины из своих пригородков ехали также верхами к собору, сопровождаемые служками и приспешниками.

Посреди говора, шуму и побрякивания оружием раздавались взаимные вопросы и догадки о причине сбору. Но причина известна была только великому комису да одному старцу гусляру, который ходил между народом по площади и, водя смычком по гусле, напевал печально:

---

[37] Изменив имя Владимир на Святослав, Вельтман использует отрывок из былины.
[38] Здесь: сельские старосты с десятниками и подручными (Вельтман использовал современные ему значения слов; в X в. фраза означала бы князей с воинами и оруженосцами).– А. Б.
[39] К соборной площади.– А. Б.

Ой, горе, горе, великая тужба!

Не стало орла, не стало Петра;

А Орловичи-Петровичи у грачей в полону!

Кто вслушается в слово гусляра, идет за ним: что он за песню такую напевает? Гусляр не останавливается, а толпа за ним, больше и больше.

— Что ты поешь, гусляр? — спрашивают его, а он, как глухой, продолжает песню, не обращая ни на кого внимания:

Ой, горе, горе, великая тужба!

Чем ту тужбу сбыть,

Куда схоронить!

В это время из королевского двора выехал великий комис, а за ним дружина королевская, под предводительством сына его, Самуила, во всем наряде, в золотом панцире на полукафтанье зеленом с золотыми источниками; сверх всего малиновый бархатный плащ, на голове шлем нарядный. Серый конь его в яблоках, согнул шею крутым кольцом и кланялся, побрякивая браной уздечкой с кистями и подвесками.

Ой, филин, филин, ночная птица!

Запел гусляр, идя вслед за поездом комиса.

Комис вступил в собор; Самуил с дружиной стал у крыльца, народ тесно обступил ограды собора, а темные слухи о смерти Петра переносились уже из уст в уста.

— Слышите, король умер!

— Как умер? Где умер?

А гусляр напевал:

28

Ой, подскочил к нему льстивый враг

Поразил в широкие перси тяжкий млат!

Зашемул, застонал жалобой темный лес:

"Ой, вышиб он ему душу-душеньку,

Вылетала она чрез гортань, вылетала

Из гортани, красными устами отходила!

Ой, хлынула волной его теплая кровь;

За подружкой-душкой струею течет!"

Ой, враны-гавраны поднялися с гнезд,

На белое тело сели, кричат:

"Ой, погубил орла хитрый, льстивый враг

Не хоронит никто орла-короля.

Похороним его в утробе своей!"

– Ой, убили короля Петра! – громко пронеслось по народу.

– Кто мутит? – вскричал комитопул, подскакав к толпе. Дружина двинулась за ним в толпу.

– Кто мутит? подавайте его! – крикнул снова Самуил грозным голосом, но бледный и смущенный.

Народ, отступая от коней, смолк, озирается кругом, ищет гусляра; а гусляра нет нигде.

Мгновенная тишина изумления была прервана выходом владыки, комиса, бояр и старейшин на крыльцо. Общее внимание обратилось на них; но в это самое время послышался звук трубы с сторожевой башни, и на вершине ее захлопал красный стяг. Воины, бояре и народ содрогнулись от неожиданной вести, и посреди всеобщего онемения гонец от русского князя Святослава явился перед собором с красным значком на копье.

– От русского великого и светлого князя Святослава! – сказал он, подъезжая к крыльцу.

– С какой вестию? – спросил дрожащим голосом комис.

– Русской князь велел сказать королю царства Болгарского, его

29

боярам и всем людям его, что идет он полком на вас, стройтесь противу!

> Ой, горе, горе, тужба великая,
> Не стало орла, короля Петра,
> Не стало людей в царстве его! –

раздалось в толпе.

– Что скажешь ты еще от своего русского князя? – спросил смущенный и бледный комис.

– Ничего,– отвечал гонец.

– Так скажи своему князю,– продолжал комис,– что за двадцать шесть лет храбрые Болгары лозою изгнали из своей земли насильников Русь и Печенегов: то же будет и теперь[40]:

– Гой, любо! – вскричал народ. – Лозой изгоним!

Лицо комиса просветлело.

– Одарите и угостите гонца, пусть едет сытый! – сказал он.

– Государским жалованьем всего у меня много, ничем не скуден, сыт и своим хлебом, чужого не нужно, а готовьтесь угощать гостей нашего князя с дружиной! – отвечал гонец горделиво. Конь его взнесся на дыбы, перекинулся, и народ отхлынул от лихого всадника, который, гарцуя по площади, наконец скрылся за городской стеной.

– Братья! – возгласил комис к народу.– Честный собор, преосвященный владыко и все духовные строители церковные,

---

[40] То есть в 941 г., когда согласно "Повести временных лет" набег Игоря на Константинополь был отбит греками. Но ни в "Повести", ни в Новгородской I летописи (использовавшей более древний, чем "Повесть", источник), ни в "Хронике Георгия Амартола", ни в "Краткой Палее", ни, наконец, в обширнейшем рассказе "Жития Василия Нового" нет известий об участии в походе печенегов и столкновениях русичей с болгарами. Вельтман домыслил этот эпизод, исходя из того, что первый мир Руси с печенегами был заключен уже в 915 г., а болгары могли преследовать проходящих мимо них воинов Игоревых.

князи и властители царства Болгарского! В плачевные ризы облечься бы нам по блаженном светлом короле Петре, погибшем от руки брата своего Иована, изгнанного из царства за смуты... да злое время злую игру сыграло; не в плачевные ризы облечемся, а в ратные. След бы нам в Византию идти да звать на престол королевича Бориса, да он в залоге и в неволе у греческого царя; греческий царь не равного себе хочет на престоле болгарском, а слугу себе, данника безмолвного... Честный собор, король Петр заложил детей, да не заложил воли нашей!..

– Воли своей никому не дадим! – произнес один боярин.

– Не дадим, не дадим! – повторила толпа.

– Выбирайте же правителя себе и военачальника, покуда бог дела устроит,– произнес комис, поклонясь владыке и окинув смиренным взором всех.

– Избранного богом да изберем,– произнес владыко.

– Да здравствует король Георгий! – крикнули приверженцы комиса.

Владыко побледнел, его слова не поняли и воспользовались ими.

В войске и в народе повторилось имя комиса; но это был не громовой голос всего народа, вызванный любовью и желанием общим: это был голос подобострастия некоторых и привычка носить оковы комиса.

Посереди необдуманного возглашения раздавались и порывистые крики:

– Короля Бориса! пойдем за ним с огнем и мечом на Греков.

– Благодарю владыку, боляр и всех людей,– произнес комис, возвыся голос,– кланяюсь за честь великую, возданную мне за службу царю и царству, но этой чести не принимаю я...

Все умолкли, притворное великодушие комиса поразило всех.

– Не принимаю,– повторил он,– теперь ущитим Болгарию от врагов, свободим нашу Загорию от Греков!

Комис знал дух народа; несколькими словами он увлек его и

вызвал общее довольствие и согласие громкими восклицаниями. Никто не почувствовал, как накинул он на всех свои бразды и направил волю честного собора на путь своих желаний.

– Соединимся же миром и любовью, будем готовиться на брань с Русью и Греками. Идите, вооружайтесь, братья! станем за себя!

Народ громогласно повторил: "Станем за себя!" – и, повинуясь властному голосу, стал расходиться; но тихо, как будто шел в неволю.

Ой, дали Филину над собою волю,
Заведет вас филин в темну ночь!

пел явившийся снова гусляр. Приостановятся, прислушаются к песне: что поет гусляр? – а на душе грустно, что-то не так.

Глава пятая

Между тем сердце Райны предчувствовало ожидавшее горе. Оскудела в ней душа, взалкала крепости и не обретала; слезы катились потоком, тушили зарю. Нет ей утешения от любящих; гонит от нее старая Тулла подруг ее Неду и Велику и сама утешает ее ласками холодными, словами бездушными.

Вдруг пожаловал в ее горницу нежданный гость, комис.

– О чем она плачет? ты сказала ей? – спросил он по-армянски Туллу.

– Нет, нет, и не думала,– отвечала Тулла.

Райна вздрогнула, увидя комиса: в первый раз посторонний осмелился войти к ней.

– Кто дозволил тебе вход в мои горницы, комис? – спросила она, вспыхнув.

– Отец твой, королевна,– отвечал комис тихо.

– Король, отец мой? где ж он сам? – проговорила беспокойно Райна.

– О чем плакала ты, королевна? – продолжал комис, не отвечая на вопрос Райны.– Недобрый сон видела или какие-нибудь предчувствия?

– О боже мой!.. Что ты на меня так смотришь? – вскричала Райна с каким-то невольным ужасом, взглянув на комиса, который устремил на нее черный глаз, возмущающий душу.

– Участие, королевна,– продолжал комис,– горе искупается слезами...

Взор Райны блуждал; она, казалось, искала выхода, чтоб бежать от этих страшных глаз и речей, не предвещающих добра.

– Я и сам плачу! – прибавил комис, отирая сухие глаза свои, и не продолжал более.

Как кровожадный ворон смотрел он Райне в глаза и каркал про беду. Все чувства ее онемели.

– Тулл_а_,– произнес он шепотом, удаляясь, – успокой королевну!

Старуха призвала на помощь себе Неду и Велику и повторила им приказание комиса. Обе они сами плакали, стараясь привести Райну в чувство. Когда Райна вздохнула, они торопливо отерли слезы свои.

Райна стала приходить в себя, взглянула на них; сначала в этом взоре проявилась живость, на устах улыбка; но вдруг Райна схватилась за голову и, как будто припомнив что-то, содрогнулась и побледнела.

– Неда,– произнесла она,– приходил комис... говорил что-то... я ничего не помню... голова кружится... призовите его.

– Призову,– отвечала Тулла, бросив строгий взор на Неду и Велику.

33

Неда и Велика стояли подле Райны молча и с трудом воздерживались от слез.

– Что вы такие скучные? – спросила Райна.– Неда, и у тебя как будто заплаканы глаза!

Неда припала к плечу королевны и, целуя его, чтоб скрыть выступившие на глаза слезы, отвечала:

– Ничего, королевна.

– Неда, мне никто еще не сказал, для чего был собор в отсутствии отца моего?.. Да где же он сам?..

– Говорят, что Русь идет на нас войною,– отвечала Неда.

– Да где ж король? – спросила она опять сквозь слезы.– Верно, какое-нибудь несчастье! От меня скрывают, да говори же, Неда!

– Что ж говорить, королевна,– отвечала Неда,– я не знаю...

– Комиса нет в городе, комис куда-то уехал,– сказала Тулла, входя в горницу.

– Уехал! не навстречу ли королю? пойдемте на вышку, отец мой должен же возвратиться, я хочу встретить его... он еще будет далеко, а я буду уже радоваться его возвращению...

Сопровождаемая мамой и своими подругами, Райна взошла в башню, села на скамью и безмолвно смотрела вдаль. Едва что-нибудь покажется на дороге, обоз или верховые, она вскрикнет: "Неда, это, кажется, король!" – и с нетерпением ждет приближения. Но все мечты ожидания разрушаются.

– Нет, не он! – говорит она со вздохом и шлет узнать, не возвратился ли комис.

Несколько дней прошли для Райны в тоскливых и тщетных ожиданиях. Она истомилась, изнемогла; на третий день Тулла сказала, что идет комис.

Райна бросилась к дверям.

– Где король? – спросила она и с новым трепетом и отвращением отступила от комиса.

– Он приказал...– произнес комис медленно и остановился...–

Сядем, королевна... Он приказал сказать тебе, чтоб ты порадовала его душу и исполнила волю его...

– Какую волю? Говори скорее!

– Святую волю короля и отца,– произнес комис протяжно, как будто наслаждаясь истязанием чувств Райны.

– Какую же волю?

– Конечную его волю!

Райна вскрикнула; Тулла подскочила к ней и поддержала ей голову, опавшую как цветок на сломленном стебле. Глаза без слез, уста без рыданий; но каждая жилка трепетала в Райне. А комис с притворным чувством горести томил ее рассказами о смерти его.

– Несчастное событие! – говорил он.– Король, возвращаясь из зверинца, заболел и не мог продолжать пути, прислал за мной; я нашел его при последнем издыхании... В это-то время напал на нас злодей Иован... Бог спас меня как будто для того, чтоб передать тебе конечную волю отца.

Безмолвная на все бездушные утешения старухи, Райна, казалось, наконец вслушалась в них; сбросила с головы драгоценную повязку, сорвала кованой золотой пояс, сдернула с плеч саян, тканный из пурпура и золота, бросила кольца и поручни и залилась горькими слезами.

– Где комис?.. Говори мне последнюю волю отца, я ее исполню и умру,– произнесла она.

– Успокойся сперва, королевна, – отвечал комис.

– Теперь, теперь же, говори! я хочу знать!

– Мой король поручил мне заменить тебе отца,– начал комис.

– Заменить отца? так же, как она заменяет мне мать,– сказала Райна, показывая на старуху.

– Отеческими попечениями о тебе я заслужу твою дочернюю любовь.

– Не трудись же: я принадлежу теперь одному богу, он мой отец; а обитель моя у гроба матери.

— Нет, королевна,— сказал комис,— последняя воля твоего родителя изрекла союз твой с сыном моим Самуилом.

— Этого не будет! — вскричала Райна дрожащим голосом.

— Передаю тебе слова отца, его волю.

— Веди меня на могилу отца, я умолю его: "Родитель мой, отец мой! не отдавай меня людям, отдай богу!" Он смилуется.

— Кто знает, где могила его! — сказал комис.

— Не возмути неповиновением души родительской,— сказала Тулла,— будет она носиться над могилой и изнывать в жалобах на тебя, и изноет, и не свидеться тебе с отцом и матерью на том свете!

Райна зарыдала. Комис посмотрел на нее с улыбкою довольствия, потрепал старую Туллу по плечу и вышел.

— Ох, королевна, королевна,— начала Тулла, когда истощились слезы Райны,— сердилась ты на меня; а не я ли правду тебе говорила: не избежать того, что сулила судьба! Видела я сама, что сердце твое не знает еще иной любви, кроме дочерней, да не навек родители. Бог указал любить после них суженого, а уж кто суженый, как не тот, кого указала воля родительская, а воля родительская идет от божьей воли.

— Я не противлюсь родительской воле,— отвечала Райна,— а исполню ли ее — бог ведает! душа моя не лежит к Самуилу. Божьей ли и родительской воле насиловать душу мою!.. Она не обвенчается с Самуилом, в храме вылетит из тела: пусть берет он за себя бездушный труп!

— Кто ж будет изневоливать тебя, королевна! А сказать правду, и меня отдали замуж не по сердцу... плакала я, плакала, а после самой слюбилось.

Тулла торопилась утешить, уластить Райну, в которой от избытка горя измирали все чувства; именем отца требовали, чтоб она, не отлагая времени, принесла себя на жертву.

— Дайте мне время хоть выплакать слезы мои на могиле матери, помолиться за упокой души родителей! — отвечала она на все утешения и слова Туллы. Ей дозволили выход к заутрене в храм монастырский, где погребена была королева Мария. Туда сопровождали ее Тулла и Неда. В плачевной одежде стояла она заутреню на коленях перед гробом матери. Здесь только обильно текли ее слезы и облегчали душу.

Никого из прихожан не было в первый день во время мольбы ее в церкви. Но на другое утро пробрался туда один блаженный – бледный, с длинными волосами, распадающимися на плечи, в черной кошулье[41], препоясанной веревкою тоболец[42] пастырский за плечами и с костылем в руках.

Уважение к этому роду людей было в старину так велико что им никто не осмеливался затворить двери храма.

Припав на колена и сотворив молитву, старец посмотрел на Райну и отер слезу; посмотрел на ее мамку Туллу и нахмурился. Потом подошел к Неде, встал за нею и начал молиться почти вслух:

– Господи, владыко, Царь небесный! Грешник молит тебя, не остави его посещением своим, да исхитить присущую агницу из челюстей волчьих!

Неда, стоявшая задумчиво и не заметившая появления блаженного, с испугом оглянулась.

– Молись, девушка, молись, не оглядывайся,– продолжал он.– Знаю я, о чем ты молишься: ты любишь королевну, и я ее люблю – бог нам в помощь!.. Господи, владыко, Царь небесный, да будут разум мой и рука моя орудиями благости твоей! Молись, девушка, молись, не оглядывайся!.. Есть в палатах царских слуги царские, печалующиеся о царе и роде его. Господи, помоги их печалованию! Есть между ними избранный, аки Петр, ключарь царствия небесного... Перемолви с ним, девушка, перемолви... Помолимся господу сил, да кто правосудства и премудрого промысла дело

---

[41] Сермяге, нищенской одежде.– А. Б.
[42] Сума, мешок.– А. Б.

добре смысля мнит — будет, убо, будет восстание; правдив бог, и терпящим его мздодатец будет!..

Неда вслушивалась в слова блаженного, и он казался ей явлением свыше. Возвратись с Райной во двор, она пересказала ей чудо и все, что слышала. Слова блаженного проливали в душу сирой Райны какое-то утешение и надежды; но она задумалась и сказала:

— Тебе это чудилось!

— Нет, не чудилось! — отвечала Неда.— Я как теперь слышу: между царскими слугами есть избранный, аки Петр, ключарь царствия небесного... Перемолви с ним. Эти слова намекают на Обреня; я еще больше уверилась, когда он встретился нам на крыльце.

— Обрень, добрый старик, любил родителя, да чем он поможет мне? — отвечала Райна.

— А бог ведает,— сказала Неда.— Покуда нет Туллы, я выйду на крыльцо.

Неда выбежала в сени и увидела, что ключарь Обрень сидит под навесом крыльца на лавке, задумавшись. Боязливо вышла Неда на крыльцо и поклонилась ему.

— Здравствуй, Неда,— сказал он,— что скажешь доброго?

— Какие тучи ходят по небу,— проговорила Неда, не зная, что сказать.

— Тучи мимо идут, как и печали наши... Что королевна?.. ты, думаю, знаешь, что в палатах царских есть верные слуги царские, которые печалуются о царе и роде его?..

Боязнь Неды исчезла.

— Обрень, Обрень,— сказала она,— наша королевна теперь сирота! Она умрет! ее принуждают идти замуж за сына комиса!..

— Принуждают! — произнес старик гневно.

— Комис говорит, что это конечная воля короля; она не воспротивится воле отцовской и умрет!

– Злодеи! Ложь и обман! – проговорил Обрень.– Бог только слышал конечную волю короля; не убийцам, посланным от комиса, говорил он ее.

Неда содрогнулась.

– Да, Неда! но королевна после все узнает; а теперь одно ей спасение: бежать из этого царского двора, обратившегося в вертеп разбойников и предателей! Пусть королевна молится богу и положится на верных рабов божиих и царских. Ступай, покуда чье-нибудь коварное ухо не подслушало, чей-нибудь предательский глаз не проник в нашу думу.

Обрень отошел от Неды, Неда побежала в горницу королевны.

– О, верю, верю! Они, злодеи, они убийцы отца моего! – вскричала Райна, выслушав рассказ Неды.– Боже, боже, что ж я теперь буду делать?

– Одно спасение, сказал мне Обрень: бежать, королевна, бежим от злодеев!

– Нет, я не бегу! пусть убьют меня! – произнесла Райна решительно. В каком-то исступлении чувств лицо ее разгорелось, дыхание было тяжко, но светлый взор устремила она на кивот образов и пала перед ними на колени.

– Королевна! – проговорила Неда.

– Оставь, Неда, – сказала она, – я хочу молиться. Неда смотрела на одушевившееся лицо Райны, и ей стало страшно.

В это время послышался стук клюки, Неда выбежала в другой покой, чтоб скрыть от старухи расстроенные свои чувства.

– Не отмолишься! – прошептала Тулла, входя. Райна встала.

– Опять поплакала?

– Нет, что-то веселее на душе,– отвечала Райна.

– Ну и слава богу, – проговорила старуха, посматривая с недоверчивостью,– не век плакать, что пользы изнурять себя слезами, на то ли дана нам молодость?

– Да,– отвечала Райна,– я на все решилась, что будет, то будет!

— Вот видишь, бог послал и решимость: на родительскую волю всегда достанет доброй воли.

Тулла не знала, как нарадоваться перемене, которая произошла в Райне. Она считала это успехом своих чарующих речей и убеждений и даже влиянием голубиного сердца.

"Простенькая! — подумала она.— И не тебя бы мы переделали по-своему!"

Пользуясь добрым духом Райны, она заговорила было о свидании с женихом, но Райна резко отвечала:

— Нет! в плачевной одежде он меня не увидит.

— На такой час и принарядиться в светлые одежды не грех,— лукаво заметила Тулла.

— Нет! — отвечала Райна.— До вечера я черница.

Глава шестая

Днепр лелеет насады Святослава; плывут они рядами, как лебеди, стая за стаей, с крутыми шеями, с распахнутыми крыльями. Гребцы в лад, под звонкие песни, вспенивают воду. На каждом насаде по сорока пеших воинов; красные щиты стеной у борта. Кони идут берегом, под знаменами своих городов, щиты за левым плечом, копья у правого, колчаны и стрелы за спиной. Тут же идет и охота великокняжеская, ловчие со сворами гончих и борзых, сокольники с челегами[43] и соколами.

Там, где Днепр пробил каменные горы Половецкие, начинались кочевья ордынские. Мирно прошел Святослав между ними,

---

43 Ловчими птицами.— А. Б.

выплыл на простор Русского моря. Мирно и Русское море лелеяло его корабли, близко уже был Дунай. Ветер попутный вздувал паруса, гребцы сложили весла, и насады, управляемые только кормчими, плавно шли в виду берегов. Сторожевая стая кораблей вступила уже в священное устье Дуная. Засмотревшись на отдаленные выси гор Болгарских и на холмы, покрытые яркою зеленью, никто не заметил, как завязалась на склоне ясного неба громовая туча невидимым узелком и вдруг накатилась клубом, разрослась в черную ночь, разразилась над кораблями Святослава, разметала их, часть прибила к берегу, посадила на мель, другую умчала в открытое море. Между тем сторожевой отряд кораблей прошел уже гирло, стал переправлять с левого берега Дуная на правый передовую конницу; под бурею кончил он свое дело и расположился на берегу Дуная, под горою, в ожидании главных сил. Не заботясь о предосторожностях, все думали только о том, чтоб надежнее укрыться от ливня и грозы.

Огнемир, воевода сторожевого отряда[44], благодарил богов, что они послали среди белого дня мрак ночи, который способствовал ему без битвы переправить конницу через Дунай и стать твердой ногой на земле неприятельскNои.

Но Болгары были уже готовы к встрече Руси; они видели переправу сторожевого отряда и выжидали удобной минуты, чтобы напасть на него внезапно.

---

[44] Огнемир, воевода сторожевого отряда, и первое поражение руссов нужны были Вельтману из художественных, композиционных соображений, так же как и обвинение Сурсувула в убийстве болгарского царя Петра. У Льва Дьякона об этих событиях рассказывается так: "Святослав, собрав ополчение, состоящее из шестидесяти тысяч храбрых воинов, кроме обозных отрядов, отправился против Мисян с Патрикием Калокиром. ...Мисяне, услышав, что он проходит уже мимо Истра и готовится сделать высадку на берег, выступили против него с тридцатью тысячами войска. Тавры быстро сошли с судов, простерли пред собою щиты, извлекли мечи и начали поражать их без всякой пощады. Они (болгары.– А. Б.) не выдержали первого сего нападения, обратились в бегство и к стыду своему заперлись в Дористоле (укрепленный город Мисян). Тогда, говорят, предводитель их Петр, человек благочестивый и почтенный, тронутый сим нечаянным бегством, получил параличный удар и вскоре преселился из сей жизни".

Во время самого развала бури накрыли они его всеми своими силами. Кто успел взяться за меч, кого не обхватила целая толпа, тот защищался и пал со славой. Все прочие и даже сам воевода были перевязаны и приведены перед главаря рати болгарской, Самуила-комитопула. Само счастье, казалось, служило ему; но он, узнав, что корабли русские разбиты бурей, не воспользовался бедой их; довольный первым успехом, он возвратился в Преслав и был,торжественно встречен как спаситель царства от нашествия Руссов.

– Гай! Гай! поднимай на щит! – раздавалось в толпах народа, бегущего с возгласом радости за комитопулом, пленными и добычей.

– Гай, гай! – повторилось снова, и Самуила, как царя, возводимого на царство, подняли на щите и понесли к собору.

Лицо комиса рдело от радости.

Народу выкатили бочки вина и меду; народ блаженствовал и убил бы того, кто осмелился бы произнести посреди его радости: "Ой, горе, горе, великая тужба".

Празднество готовилось к другому дню; во всю ночь горели по улицам зажженные смоляные бочки.

Когда Райна узнала обо всем случившемся, душа ее обмерла, решительность и какое-то насильственное спокойствие, полное воли и замысла, вдруг исчезли; она сидела безмолвно, как будто углубясь в бездну ожидавших ее несчастий; по временам вздрагивала и бесчувственно обводила все окружающее ее потухшими взорами.

Тулла нахвалилась, наславилась геройством Самуила. Туллу стал уже клонить сон; несколько раз уже напоминала она Райне, что пора на покой; но Райна качала головой и тихо произносила: "Не хочу!"

Тулла долго крепилась в сердцах, но наконец задремала.

Неда сидела подле королевны, бледная; с беспокойством

42

смотрела она на старуху, и, когда голова Туллы отяжелела и повисла, Неда тихо вышла вон. Еще тише возвратилась она, подошла к забывшейся от утомления Райне и взяла ее за руку. Райна вздрогнула.

– Ах, это ты, Неда? – произнесла она. – А мне показалось...

И Неда чувствовала трепет ее.

– Королевна,– прошептала Неда,– нас ждут, все готово... пойдем!

– Что готово? – спросила Райна.

– Пойдем, королевна! – повторила шепотом Неда.

– Куда? – спросила опять Райна.

– Бежим от злодеев, кони готовы, Обрень ждет...

Райна по первому движению, казалось, готова была встать и идти за Недой, но вдруг задумалась и громко произнесла:

– Нет! пусть ведут меня в храм божий!

– Что, что такое? – спросила, вдруг очнувшись, Тулла.

– Ничего,– отвечала Неда дрожащим голосом.

Мутные глаза старухи снова закрылись, и голова повисла на плечо.

Неда стала на колена перед Райной, схватила ее руки и только взорами, полными слез, умоляла ее идти за собой.

– Нет! – повторила Райна решительно.

Неда закрыла лицо руками и, заглушив в себе рыдания, вышла из покоя Райны, воротилась снова, снова стала умолять ее; но Райна, не отвечая ни слова, качала головою; а между тем ночь озарилась пробрезгом светлого дня.

– Все пропало! – проговорила Неда, взглянув в окно. Рано на другой день явился к изнуренной Райне комис,

взял ее за руку и сказал бездушно-нежным, отеческим голосом, что в день торжества великой победы, когда все царство в радости, и она должна снять плачевную одежду и облечься в светлую, венчальную.

– Я готова,– отвечала Райна. Смертная бледность покрыла ее

лицо, рука ее дрожала в руке комиса, но она твердым голосом произнесла: – Я исполню волю родителя!

Ясное утро заволокло облаками, день был пасмурный, на небе копились тучи, но дождь не падал на землю. Так и юное чело Райны затмилось горем, на очах копились слезы, но ни одна слезинка не упала на грудь.

День был начат торжественным обрядом и пиром народным. К вечеру весь город осветился, собор и палаты королевские горели огнями. Между собором и палатами на площади народ уже ликовал около выставленных бочек вина.

В это время Райна облачилась в златотканые новые одежды. Подруги расплели девичью косу ее и заплели снова в две косы, прицепили к ним струи золотой канители. На грудь ее возложили луницу гривенную[45], вокруг шеи жемчужное ожерелье, убрали всю драгоценными серьгами перстнями, обручами.

Райна ни слова. Неда держала уже червленицу, чтоб накинуть ее на плеча королевны, и качала головою с горестным чувствам, но не смела плакать. Тулла стояла с покрывалом, заключающим наряд невесты, как Морана[46], готовая накинуть верву[47] на шею девы, которую идольники обрекали по жребью зарезать богам.

Комис отпустил сына в церковь в сопровождении братьев и вельмож, а сам отправился в освещенные королевские палаты, где должна была праздноваться свадьба королевны с его сыном.

Самуил уже в храме соборном, в блестящей одеже, в багряной мантии. Нетерпеливо ждет он невесты. Облик его некрасив, но черные глаза ярки. Владыко в облачении, собор полон боляр и вельмож. У входа королевская стража.

Вот посереди общего молчания загремел клирос. Самуил

---

[45]Полукруглое драгоценное ожерелье, отличавшееся от гривны тем, что застегивалось на плечах, а не вокруг шеи.– А. Б.

[46] По предположению Вельтмана, Морана – дух ужаса в древнеславянской мифологии.– А. Б.

[47] Веревку.– А. Б.

встречает невесту свою. Райна под покрывалом вступает в храм в сопровождении болярынь и подруг, приостанавливается с содроганием, колеблется, чувства ей изменяют, но взор ее обращается к небу, и она идет вперед. Хор умолк, общее молчание, глаза всех обращены на жениха и невесту. Владыко идет навстречу им. Самуил хочет взять руку Райны.

– Прочь, злодей! – вскрикивает она и, откинув покрывало, вбегает на амвон...– Боже! и вы, братья! дети отца моего! – произносит она прерывающимся голосом.– Избавьте меня и царство от его убийц!.. Нет здесь кровных моих, Бориса и Романа, которые бы отмстили хищнику власти за пролитую кровь короля, но есть здесь верные ему, и я, дочь его, сирота, перед богом и вами вызываю на суд тень отца моего и его убийц.

– Обезумела! помогите, помогите! – вскричал громогласно побледневший как смерть Самуил, бросаясь к Райне.

– Прочь, убийца! – вскричала Райна. Хотела говорить, но голос ее был беззвучен посреди восклицаний Самуила; она заколебалась и упала на руки подбежавших женщин.

Ее понесли из храма.

– Постойте, дайте я донесу ее! – раздался чей-то голос в темноте под сводом выхода на паперть, и кто-то выхватил Райну из рук Неды и болярынь, своротил в боковую дверь и исчез.

Подруги ее и Тулла торопятся протесниться сквозь толпу вслед за нею, но у входа в храм раздается народный крик:

– Идут, идут!

Толпа нахлынула к паперти навстречу выходящим, оглашая своды восклицаниями своего восторга. Едва показался в дверях Самуил, кидая мутные вокруг себя взоры...

– Гей, гей! – крикнула толпа, и его схватили на руки и понесли к палатам королевским.

Комис ожидал молодых в трапезной перед престольного палатою, где была великолепная столица королевская под парчовым шатром. Тут должны были восседать молодые и принимать поздравления.

Окруженный сановниками королевскими, комис восседал, как преобладатель царства. На нем была пурпуровая царственная мантия, недоставало только, вместо драгоценной капы[48], венца королевского и, вместо властного костыля, державы; но посреди королевских оруженосцев и сановников он величался как король.

Нетерпеливо ожидая конца обряда, он был мрачен, но взор его просветлел, когда послышались клики народа.

– Идут! – сказал он, вставая.

Шум близко, в сенях встречные певцы запели славленье, идут рядами, становятся у дверей трапезной. Комис готовится принять молодых в объятия. И вот с безумным криком народ несет сына его на руках.

Самуил страшен, мечет исступленные взоры, хочет вырваться, но толпа проносит его прямо в престольную палату. Тут только раздается: "Стой, братья!" – и Самуила чинно становят перед отцом на землю, снимают шапки и здравствуют.

– Где ж владыко? Где молодая? – спрашивает комис сына; а он смотрит неподвижными глазами на шатер королевский, дрожит всем телом, схватил отца за руку.

– Король! король! – раздалось по всей палате.

Комис оглянулся – на престоле сидит король Петр и подле него Райна.

Как вкопанный смотрит комис на видение, а взор уже помутился, лицо помертвело, члены онемели, но казалось, силы духа превозмогли ужас; он бросился вслед за другими вон из палаты и грянулся в трапезной, как пласт о землю.

А на улицах огни, крик, шум, песни, пляски, народ гуляет, все навеселе. И между тем посреди говора носятся страшные слухи,

---

[48] Шапки.– А. В.

что король Петр ожил и разогнал вею свадьбу. Но редко на кого действует уже страх: народ любит догулять.

— Пей, брате, допивай королевское вино!

> Гей, ладо, ладо-ле!
> Гей, лельо, лельо-ле!

Гудцы гудят плясовую, а плясуны припевают:

> Гей, дивно игралище,
> Гей, дивно певалще!

И, схватив друг друга сзади за пояса, крутят, выкидывают ногами, притопывают, порывисто и дружно выпадают вперед, дружно отскакивают.

> Гей, лельо, лельо-ле!

Вдруг перед самым рассветом пронеслись по воздуху с восточной стороны огненные змейки и послышался за стенами города иной шум и гай.

Народ онемел от страху.

На стражнице вспыхнуло пламя, но уже поздно подало оно весть о предстоящей беде.

Ударил соборный колокол, но и он опоздал.

С воплями бегут жители от стен на площадь, а за ними конники на конях и сила многая Руси.

Глава седьмая

В двенадцати часах езды от Преславля, при стоке реки Малой Камы, и поныне видно еще городище Котел – развалины древнего болгарского города. На вершине горы, из подножия которой бьет кипучим ключом вода, есть нырище, вроде провала под землю. Спустившись на несколько сажень глубины, вы очутитесь под обширными сводами. В какие времена человеческая рука образовала в этом подземелье две палаты – неизвестно, но стены украшены резцом и непонятными чертами. С правой стороны от входа бьет из стены фонтан, алмазная струя его падает а бездонный провал, находящийся под ним. Это подземный ключ Малой Камы.

В описываемое нами время подземелье, казалось, было обителью благочестивого отшельника. В калугерской одежде[49] сидел он на ковре у самого нырища, сквозь которое проникал дневной свет. Перед ним стоял низенький стол – треножник, на столе лежала развернутая книга, тут же листы белого как полотно пергамена, медная чернильница с напитанным чернилами шелком, перья, кисти и бруски красок. То призадумывался он и про себя шептал: "Ой, долго их нет!" То, перекрестясь, принимался тщательно писать или, накладывая листы на золото, выводить кистью узоры. В передней палате заметны были все жилые удобства, но вторая, освещенная лампадой перед образом, отличалась некоторою роскошью и более похожа была на рабочую мудреца и вместе художника-ваятеля, нежели на приют отшельника. Тут на полках было множество книг, несколько восковых бюстов и все принадлежности церопластики, или воскования. Стены были увешаны оружием и разной одеждой.

– Ага! Идут! – сказал отшельник, послышав звук рога, и, прибрав предметы своих занятий, принялся за хозяйство: разостлал на стол

---

[49] Одеяние пилигрима, калики перехожего.– А. Б.

шерстяную полость, положил обвернутый в полотенце хлеб, поставил на блюдах копченую рыбу и свежий сыр.

– Гей, брате, Радован! лестницу! – раздался голос из провала под фонтаном.

– Ой пора, пора! заждался я вас! думал, что и возврату вам не будет! – отвечал он, опуская доску с набивными ступенями в провал и утвердив ее в углублении, на каменный уступ.

– Не бойся, королевна, держись крепко за меня!

И с этими словами сильный, статный мужчина, по наружности средних лет, с черными, пылкими очами и с черными локонами, распавшимися по плечам из-под капы на саян[50] болярский, выбежал по лестнице из пропасти. На руках его была Райна в венчальной своей одежде.

За ним следом вышли из провала два человека в черных хитонах и скуфьях, но под хитонами видны были мечи и буздованы[51].

– Здесь, светлая наша королевна Райна, ты безопасна от преследований врагов твоих,– сказал неизвестный, опуская Райну на лавку, крытую мягким ковром.

С содроганием Райна окинула взором освещенную лампадой палату.

– Скажите мне, кто вы, добрые люди или злые? Где я?

– Успокойся, Райна, нечего тебе нас страшиться, мы враги только твоих врагов, мы не тати и не мирские люди, не царствует уже грех в мертвенном теле нашем, мы отшельники от мира. Брате Радован, угощай светлую королевну, гостью нашу, чем бог послал, а мы сбросим с себя чужие перья.

Неизвестный вышел в другую палату, а старец Радован поставил подле Райны, на лавке, маленький круглый столик, накрыл белой скатертью, принес соты, молока, разных плодов, хлеба и сыру и радушно просил вкусить чего-нибудь.

---

[50] Здесь: кафтан.– А. Б.

[51] Палицы.– А. Б.

Добрая наружность старца, а более лик Божьей Матери, перед которым горела лампада, успокоили Райну, но она отказалась от пищи. Ей представлялось все каким-то непостижимым сном. И невольно содрогнулась она, видя себя посреди неизвестных ей людей, бог ведает где.

— Ты меня не узнаешь теперь, Райна,— произнес знакомый уже ей голос, но вместо черноволосого, смуглого болярина явился перед ней старец в калугерской одежде.— Ты не узнаешь меня, Райна, а я тот же человек, который извлек тебя из волчьих челюстей и принес сюда на своих руках. Не удивляйся, королевна, все просто под небом, и нет чудес, кроме божиих. Неволя принудила меня быть не тем, что я есть. Все в жизни неволя, и нет воли, кроме божией.

— Ты принимаешь участие во мне, благочестивый старец, но скажи же мне, кто ты? где я?

— Ты воззвала к богу и людям, да избавят тебя и царство от злодеев и убийц. Меня послал бог в орудие избавления твоего, а кого пошлет на избавление от них царства – не знаю. Здесь, в обители моей, Всевышний положил прибежище твое, Райна, у меня, светлая моя Райна, дитя мое! и я не нарадуюсь, что мне бог помог спасти тебя, близкую сердцу моему!..

— Кто ты? - произнесла Райна, всматриваясь в черты старца, который стоял перед Райной, сложив руки и умиленно смотря на нее прослезившимися очами.

— Не всматривайся, не признать тебе меня, ты меня никогда не видала, а я тебя видел еще на руках матери твоей и любовался так же, как теперь любуюсь! Посмотри сюда, вот младенец Райна на лоне королевы Марии... Узнаешь ли ты себя?..

Старец откинул дверцы ставня, висящего на стене.

— Боже великий! Это мать моя! - вскрикнула Райна и упала перед выпуклым восковым изображением королевы, держащей на руках прекрасного младенца – дочь.

— Дитя мое, доброе дитя! - вскричал радостно старец.- Ты узнала

50

мать свою!.. верно, похож образ ее!.. О, отрекся я от родных и кровных, хотел умереть заживо для всех и для всего, кроме молитвы и созерцания бога в природе и в душе моей, да не мог, не сладил с сердцем, Райна! Оно возмутило дух, вопило неумолкаемо: поди посмотри на сродников, счастливы ли они, не пригодится ли для них, кроме молитв о божией помощи, и твоя человеческая помощь. Добрая моя, прелестная Райна! Сердце вещун, а бог подал мне способ избавить тебя от общих наших злодеев!..

— Скажи же мне, кто ты, добрый старец! Голос твой внушает веру в слова твои, благодарить тебя за участие твое могу только слезами!

— Кто я? Райна, я дал обет утаить от людей и существование свое, и имя. Зачем им знать и видеть того, кто уродился лишним на свет... для которого нет заготовленного угла на земле и места в сердце... Но от тебя, Райна, не утаю, перед тобою огонь сердца пожег облачение мое!.. Сродница моя! Племянница моя! Обними Вояна, брата отца твоего!

— Вояна! — произнесла Райна с невольным содроганием.

— Вижу, испугалась ты этого имени,— сказал старец с горестным чувством,— и до тебя, верно, дошла недобрая молва, что Воян, сын Симеонов, извык в художестве волшебства, вызывает мертвых из гроба, обаяет живых волхованиями... Да! может быть, люди и правы, наука без веры родила суеверие: грешен я! Обида и во мне возрастала злом!.. И я питал месть!.. Не смею обнять тебя, чистую, непорочную сродницу мою!

И крупные слезы покатились из глаз Вояна, он не поднимал рук, чтоб принять в объятия Райну, которая бросилась к нему на шею.

— Да простит тебя бог в твоих прегрешениях, а я не судья брату отца моего,— сказала она.

— Племянница моя! — произнес Воян, глубоко вздохнув. — Скажу тебе трудную повесть мою; да теперь не время: прими пищу, отдохни с миром. Покуда враги наши властвуют, покуда братья твои не воссядут на престоле отца, поживи в моем убежище, здесь ничто не нарушит ни скорби сердца твоего, ни молитвы к богу.

Воян вышел, задернув занавесом дверь. Говор в передней палате утих, и Райна, оставшись одна посереди тишины подземелья, погрузилась в тяжкую думу и не сводила очей с изображения матери.

— Это я! — повторяла она, заливаясь слезами и как будто завидуя счастию младенца, который, отвечая на нежный взор матери, радостно смотрел ей в глаза и, кажется, тянулся поцеловать ее.

И в памяти Райны оживало прошедшее, со всеми светлыми днями юности,— но все оживающее, все милые сердцу образы быстро проносились и как будто вызывали ее душу лететь за ними.

Она забылась, но тихий сон ее был прерван каким-то странным звуком, какими-то страшными голосами. Райна очнулась с содроганием. А перед ней стоит Неда и в полном чувстве радости целует ее руки.

— Теперь ты будешь спокойнее, Райна,— сказал Воян,— ты здесь не одна, посереди старцев отшельников: подруга твоя, Неда, с тобою.

— О, королевна, если б ты видела, что теперь делается в Преславе! Русь обложила город и, может быть, уже взяла, — сказала Неда.

— Боже, боже, умилосердись над нами! — произнесла Райна.

— Чему бог помог, то сделано, а чему быть впереди – бог поможет, — сказал Воян. — Покуда прощай, Райна, я еду в Преслав, там совершаются судьбы господни.

— Королевна, это тот блаженный, которого я видела в храме! — сказала Неда, когда вышел Воян.

— Неда, это мой дядя, Воян,— отвечала Райна.

И она рассказала удивленной Неде, как он спас ее.

— О, если б ты знала, королевна, в каком ужасе была я, когда прибежала домой: нет тебя нигде! Ах" думаю, унес волк-комитопул агницу мою, королевну!.. вдруг слышу голос его, я и спряталась в сенях. "Где ж она?" – кричал он. "Не знаю, не знаю!" – отвечала

Тулла. Тут только услышала я, как она застонала, а бешеный Самуил бросился вон. Слава богу, думала я, по крайней мере королевна не в руках у этого злодея, и побежала к Обреню, и ожила. Он обрадовал меня вестью о твоем спасении и тотчас же отправил меня к тебе, королевна. Мне одно счастье: быть с тобой.

Райна обняла Неду.

Глава восьмая

Святослав каким-то чудом явился нежданно под стенами столицы болгарской. Военные хитрости были известны и древним героям не менее, чем новым, а быстрота движений и внезапность составляли их отличительные свойства. Святослав же обозов с собой не возяше, ни котла, ни мяс не варя.

Комитопул Самуил, разбив сторожевой отряд Руси, отправился торжествовать победу в Преслав. Войско болгарское хотя и осталось на Дунае, но мало уже заботилось о неприятеле а между тем Святослав не медлил. Узнав наутро, что стража его погибла, он вспыхнул местью и приказал старейшему своему воеводе Свенальду, не ожидая севших на мель кораблей, идти в Дунай, конницу переправить на болгарский берег и пустить малыми отрядами по неготовым дорогам, через горы и леса, к Преславу. Сам же, посадив на сто больших кораблей по осьмидесяти человек воинов пеших и по четыре лошади, пустился на парусах вслед за ветрами, тесной стаей и в отдалении от берегов, по пути к Царьграду. Не доезжая до приморского города Варны, во время ночи пристали корабли русские к берегу, высадили войско, и прежде нежели узнали в Преславе о появлении неприятеля со стороны моря, Святослав, путеводимый греческими проводниками, пробрался тайно к стенам столицы царства болгарского. Он предвидел, что главные силы болгарские на Дунае, остальное войско сторожит ущелья гор на границах греческих и Преслав без защиты. Только одно мщение за нападение на сторожевой отряд и желание выручить из плену любимца своего Огнемира побудили Святослава столь неожиданно напасть на Преслав[52].

Калеными стрелами повестил он городу о прибытии своем. Никто не успел еще опомниться ни от упоений празднества, ни от ужасу, внушенного рассказами о событиях в храме и во дворе королевском; а Русь вступила уже в город без сопротивления и крови.

– Полагайте оружие, сносите его под знамена Святославли, и будете здравы и невредимы! – раздавался русский клич по городу.

Владыко с боярами и старейшинами городскими встретил Святослава хлебом и солью на площади и молил помиловать город. Королевская дружина сложила оружие, а за нею явились и пленные Руссы, приведенные Самуилом в столицу для торжества победы.

– А король ваш где? – спросил Святослав владыку и боляр.

---

[52] столицу Болгарского царства, Святослав в повести мог познакомиться с изображениями царя Петра и дочери его Райны. Но в источниках о взятии Святославом Преслава ничего не говорится. В первом своем походе, о котором рассказывает здесь автор, князь удовольствовался занятием Дунайской Болгарии, и в том числе Переяславца – Малого Преслава на Дунае, по-видимому, без боя. Но во время отлучки Святослава в Киев провизантийская группировка при дворе нового царя Бориса одержала верх; Переяславец был осажден и затем захвачен болгарами. "Повесть временных лет" сообщает, что в 971 г., вернувшись из Киева, "пришел Святослав в Переяславец, и затворились болгары в городе. И вышли болгары на битву против Святослава, и была сеча велика, и стали одолевать болгары. И сказал Святослав своим воинам: "Здесь нам и умереть! Постоим же мужественно, братья и дружина!" И к вечеру одолел Святослав, и взял город приступом, и послал к грекам со словами: "Хочу итти на вас и взять столицу вашу, как и этот город". Последние слова летописца ясно показывают, что в столкновении с болгарами Русь винила греков. Именно на них, а не на царя Бориса в Преславе двинул Святослав своих воинов.

– Почил волею божию король Петр, – отвечал владыко.

– А воевода ваш где?

– Не ведаем! – отвечали ему.

– И он почил? Тяжко тебе, телу, без головы! – сказал Святослав.

Сопровождаемый чином и вельможами болгарскими, он вступил на королевский двор; охранная княжеская дружина рядами шла вперед и занимала все входы.

В воротах встретил Святослава ключник королевского двора Обрень.

Святослав поднялся на крыльцо, вступил в сени, в трапезную.

– О, да я помешал пиру великому! – сказал он, смотря на горящие повсюду светильники и браные столы вокруг стен.– А этот один за всех упился! – продолжал он, показав на комиса, простертого на земле.

Боляре с ужасом обступили комиса, а Святослав, сопровождаемый своими оруженосцами, продолжал идти далее к кованым золотым дверям престольной палаты. Обрень откинул червчатый занавес.

– Это что такое? – спросил Святослав.– Мертвый или живой король сидит на престоле с своей королевой?

– Это изваяние короля Петра и его дочери,– отвечал Обрень.

– Дочери? – повторил Святослав, подходя к восковым изображениям Петра и Райны во всем великолепии облачения царского.

Долго смотрел он безмолвно на лик Райны и, казалось, выжидал, чтоб она подняла на него поникшие взоры, приосененные густыми ресницами.

– О, велик художник,– сказал он наконец,– сотворивший чудный лик, которому нет подобного в творении богов!.. Дал он красоту, да не вдохнул жизни!

– Не уподобится вовеки творение земного художника творению небесного, который облек нашу светлую королевну Райну нерукотворною, неизобразимою красотою! – сказал Обрень.

— Сердце твое и хитрый ваятель сольстили образу королевны, как греческий художник сольстил образу матери моей и старость ее претворил в юность.

— Не видал ты, князь великий, королевны Райны! — отвечал Обрень с улыбкою затронутого самолюбия.— Не ведаешь красоты женской, как я не ведал величия и красоты мужа, покуда очи мои не удостоились видеть светлого твоего лица.

— Где же королевна? — спросил Святослав. — Здесь она или в Царьграде с братьями?

— Была здесь,— отвечал, смутясь, Обрень,— но теперь не знаю.

— Если была здесь, то и должна быть здесь,— сказал Святослав,— таиться ей от меня не для чего.

И он велел Огнемиру идти к королевне, кланяться ей от русского князя и просил, чтобы дозволили ему быть гостем своим.

Огнемир возвратился и сказал, что королевны нет ни в палатах, ни в городе.

— Дочь короля Петра здесь, но утаилась от меня,— сказал Святослав болярам болгарским.— Из города выйти она не могла: вам должно быть известно ее убежище; скажите ей, что не тать и не кровавые мужи со мною, не с слабыми изведывать силы пришел я и не с женами сладости, не убогих привел исхитить ваше богатство, не голодных кормить на вашей земле, не бесприютных жить под вашим кровом. Пришел я решить вашу распрю с Греками. Скажите королевне, чтоб она возвратилась к престолу отца своего.

— Бог свидетель правоты слов наших, да замкнет навеки уста наши, если изглаголем ложь! Не ведаем, где королевна, — отвечал владыко.

Боляре повторили слова его.

— Идите же и ищите свою королевну,— произнес грозно Святослав,— или дружина моя найдет ее и приведет как продажную пленницу.

Боляре вышли с поникшими головами, а Святослав, утомленный

от трудов ратных, сложил с себя бранные доспехи. Добрыня как друг его был с ним неразлучен, ему поверял Святослав все свои помыслы, но теперь он желал никого не видеть, никого не слышать, не знать ничьих дум и свои таить от всех: ему хотелось быть самому с собою.

Добрыню он отправил с отрядом навстречу коннице, идущей к Преславу от Дуная.

Мрачно ходил Святослав по палатам, смотрел в окна на Преслав, на цветущую, веселую природу, его окружающую, и как будто завидовал, что не здесь провел он юность, терял время на безумном разгуле по степям, на бойне людской и, остря меч, тупил душу свою. Проникнутый какой-то скукой, смотрел он на все украшения дворца, входил и в престольную палату, смотрел в образ Райны и уходил мрачен, как будто пробуждаясь от сна, в котором чудились ему невоплощаемые призраки.

Примчался гонец с известием, что великая сила Болгар идет к Преславу.

– Пусть идут и сложат головы у стен столицы моей! – отвечал Святослав.

Поиски королевны были напрасны. Убежденный, что она скрывается в Преславе, Святослав, казалось, готов был на последнее средство – срыть город до основания, чтоб найти ее, но гнев превозмог в нем все прочие чувства.

– Хотят обаять меня! – вдруг вскричал он и, схватив меч, исступленно бросился в престольную палату. Перед ним живая Райна: очаровала, вызвала на мщение за равнодушие свое, а не поднимет очей, не вздрогнет от ужасу, не просит о пощаде. И король Петр, устремив неподвижные глаза на исступленного князя, безмолвно смотрит. А Святослав стоит как изваянный убийца над трупом своей жертвы и, кажется, думает: это что за бездыханный враг передо мною? ни дух, ни существо, а воплотилась в чужой душе и живет в ней как живая!..

57

Окинув взорами вокруг себя, как будто боясь присутствия живого человека, Святослав вышел из престольной палаты, потребовал коня, велел Огнемиру стеречь Преслав, а сам пустился с дружиной в чистое поле искать боя; разбил комитопула Самуила, собравшего войско, прошел тучей по поморью Болгарии и по Дунаю, одождил калеными стрелами и камнями города[53]. Душа его снова удовлетворилась бы победой и славой: но победы его были так легки, что он чувствовал от них только утомление. Приказав Свенальду сосредоточить и устроить морские силы в Доростоле, он возвратился в Преслав, чтоб отсюда начать покорение нагорной части Болгарии.

— Где ж королевна ваша? — спросил он равнодушно у боляр.— Скажите же ей, что меч мой поест, а гроза спалит царство ее отца.

В тот же день донесли Святославу, что какой-то чернец-богомолец просит дозволения поклониться великому князю от неизреченно-светлого лица.

"От матери моей",— подумал Святослав и велел допустить к себе старца.

В черном хитоне вошел седой старец и низко поклонился князю.

— Великий князь Святослав,— сказал он, окинув очами людей княжеских,— я не с злым умыслом пришел к тебе, а с добрым поклоном, с миром и любовью. И я и слово мое безопасны для тебя.

Святослав окинул взором добрую наружность старца и велел выйти людям своим.

— Князь Святослав,— продолжал старец,— я к тебе послом от нашей королевны Райны, дочери блаженной памяти короля Петра...

---

[53] Речь вновь идет о завоевании Дунайских гирл, когда, согласно летописи, Святослав взял восемьдесят городов. Вскоре после этого Болгария разделилась – Западная Болгария, управлявшаяся комитопулами, заняла антивизантийскую позицию, и Святослав не предпринимал против нее никаких враждебных действий. Сражение с Самуилом появилось в повести в связи с тем, что Вельтман склонен был считать Святослава преемником царя Симеона, боровшегося за единство Болгарии.

— Не от изваянного ли ее образа? – спросил Святослав с грозной улыбкой.

— Велела королевна кланяться тебе,– продолжал старец, – и спросить, что сделала тебе, русскому князю, Болгария? за что возложил ты на нее руку гнева своего, напряг лук свой и поставил ее знамением на стреляние? За что насытил горестию и напоил желчью? Не в меру ли было ей борьбы с державой Римской за независимость свою? а ты, княже, во чье имя воюешь, за какие вины отверз уста и хочешь поглотить царство наше?

— Так говорит Райна, королевна болгарская? Умна ваша королевна, сказал Святослав с усмешкой,– а который ей год от роду?

— Во цвете она первой юности, а оскудели очи ее в слезах, смутилось сердце, изливается душа, да не на лоно матери! Нет у ней матери, светлого отца ее извел хищный зверь, воскормленный у престола, братьев ее Никифор держит в плену и хочет за выкуп взять нашу волю и вложить узду в челюсти наши!..

— Где ж королевна? – спросил Святослав, тронутый словами старца.

— Скрывается от врагов своих в пустынной обители,– отвечал он.

— Пусть возвратится в отчую обитель, я не враг женам.

— Не от тебя, князь великий, оставила она отеческую кровлю, не от тебя и таится, но от злодеев роду своего.

— Теперь безбоязненно может она вступить в дом родительский.

— Чужд он стал ей, она дева, и только под кров братии может возвратиться.

— Лукавое извергают уста твои! – сказал Святослав, вспыхнув снова гневом.

— Да хранит тебя бог на правом пути твоем, князь великий,– отвечал старец,– да изженет верою безверие твое! Воля твоя стать за правое дело или за лукавое: отдать наследие короля Петра сыну его старейшему или врагам нашим, Грекам; владей лучше сам.

59

— Не алчет душа моя чужого престола, а рука не отнимет,— отвечал Святослав.— Сын Петра сядет на отчем златом столе, а Болгария какую носила дань Грекам, такую и будет носить по старине, а мне дани вашей не нужно.

— Не было у нас, князь великий, такой невольной старины и постыдного обычая, не платила Болгария дани Грекам и даров не носила, а принимали дани и дары от них. Все Загорье до Железняка было наше. Греки искали родства с нами, дочь кесаря Христофора была за королем Петром, да, верно, наступило последнее наше время, изнурил нас голод, прузи посевы наши истощили, а Греки-грачи хотели исклевать наши тела, да еще не мертвы мы были. Знали они, что мы изгоним за море хищную стаю их, и призвали тебя, князь великий, воевать нашу землю. Потемнело наше золото, изменилось серебро наше доброе, рассыпались камни святыни, достояние наше обратилось к чуждым, домы к иноплеменникам, отпала красота с ланит дев, как овны без пажити, идем мы перед лицом гонящих нас!

— Старец! — сказал умиленный Святослав. — Дай мне время на думу и на веру. Правде слов твоих воздам правдою дел. Когда сын Петра приедет в Преслав, тогда предстань перед лицо королевича с поклоном от сестры его.

— И помыслы, и дела твои благи, князь великий! — отвечал старец и, радостный, вышел от него. Смиренным чернецом пробрался он за город; в лесу, за стражницею, ожидал его спутник – калугер с заводным конем. Они пустились по дороге к городищу Котлу. К вечеру приехали они к вершине Стрый-реки, своротили в гору лесом, спустились в крутой овраг, пробрались сквозь чащу, под навес скалы, и скрылись во мраке пещеры, из которой катилась и журчала по каменистому лону алмазная струя источника.

Кони, верно, знали путь под сводами подземелья, бодро шли они, углубляясь в преисподний мрак. Наконец вдали показался слабый свет, и путники выехали в настоящий котел среди гор; стенами этого котла были обрывистые скалы, осененные лесом.

Путники пробрались сквозь одно из ущелий в скале и поднялись на лужайку. Тихо заржали кони. Им отозвались товарищи под глухим навесом вековых дерев. Путники привязали своих к прочим и возвратились в ущелье. Здесь также струйка пробиралась между камнями из пещеры. Они вошли в пещеру, и вскоре под землей послышался глухой звук рога.

Глава девятая

Теперь мы должны обратиться к Райне. Вы помните то время, когда Воян привез ее в подземелье и снова уехал в Преслав, проведать, что там делается. Подъезжая к городу, он заплакал плачем Иеремии о Сионе. От друга своего Обреня узнал он подробности о взятии города и о смерти комиса.

— О, недаром же изваял я лик Петра, чтоб убийца смотрел на него и казнился им! — сказал Воян.

Но когда Обрень рассказал ему, что князю русскому полюбился лик королевны Райны и что он велит искать ее повсюду, Воян содрогнулся за участь Райны. Он знал нравы и обычаи северных героев и разгульную их жизнь.

— Боже, боже, — вскричал он, — из одного корня возрастает добро и зло! Да нет, не достанется племянница моя в руки насильнику и женолюбцу. Брат Обрень, едем со мною, боюсь я, он не поверит, чтоб кто-нибудь из боляр дворовых не знал, где королевна, и будет пытать.

—. Что ж, друг, кто пытает, тот и убивает: свою жизнь отдам я на муки и смерть, а ничьей чужой на поругание насильникам не выдам.

— Э, брате, за что упрекнул ты меня! — сказал Воян.— Усумнился ли я в тебе, я ли не верю, что твоей благочестивой душе лучше быть у бога, чем в теле, да, может быть, пригодится она еще добрым людям, а мне дорога, без тебя оскудеют и мои силы!

Обрень убедился чувствами дружбы Вояна и решился ехать с ним. Но из города выезд был уже воспрещен.

— Есть выход! — сказал Обрень.— Не прочны, верно, убежища и ограды людей, что они кроме торжественных ворот заготовляют на случай собачью лазейку!

Когда настал вечер, он провел Вояна в одну из башен дворовых; они спустились по лестнице в испод башни, Один из диких камней основания был устроен на оси, при небольшом усилии Обрень повернул его и открыл подземный ход. Темно уже было, когда Воян и Обрень добрались до выхода в скалистом утесе горы вне города и выбрались на дорогу к Котлу.

Райна с чувством радостным встретила Обреня, верного друга и слугу отца своего. Старик прослезился, безмолвно целуя руку королевны, и Райна прослезилась. Уста немы, а душа высказывает свои печали. В продолжение двух недель Воян боялся выйти на белый свет и никого из братии не выпускал из подземелья. Время проходило однообразно.

— Здесь, светлая моя Райна, ты мне радостней света, покуда покажет бог надежный исход из беды, здесь изноет сердце мое, если ты углубишься в думы об этом свете. Здесь, в тихой обители, есть тихое прибежище и мыслям, питай их святой пищей, чтоб не разлетелись как птенцы от души-матери своей искать пропитания на воле и не измеряй от голоду и жажды.

По совету Вояна Райна внимательно слушала Святое писание, которое читал вслух Обрень, и душа ее спокоилась. Сам Воян, также слушая чтение, занимался любимым; своим занятием — священной живописью.

— Райна,— сказал он однажды,— теперь горе поутихло в тебе, выслушай трудную повесть мою.

Исповедь облегчает душу от горьких воспоминаний. Райна села подле него, и он начал:

– Первая жена краля Симеона была пленница, говорят, будто Мадьярка, дочь одного вельможи угорского,– наверное не знаю, а знаю только, что она была язычница и как ни любила короля, но креститься не хотела. Когда родился сын у краля Симеона – а этот сын я,– он умолял мать мою нринять святое крещение; да она стояла на своем. "Знай же, что ты не венчаешься со мною на царство и сын язычницы не будет моим наследником",– сказал Симеон в гневе своем и сдержал слово. Вскоре мать мою вместе со мною заключили в монастырь, а король женился на мнимой сестре одного греческого выходца – Георгия Сурсувула, из Армян. Когда от нее родился сын Петр, твой отец, Райна, король на радости пожаловал Георгия в сан комиса... Возмущается душа моя при воспоминании всех зол, которые причинил этот честолюбец всему роду царскому и всей Болгарии! Уловив в сети свои душу короля, хитро ловил он и души людей, окружавших его, и сеял семя раздора между отцом твоим и его братьями.

До семи лет рос я при матери, в монастыре; с молоком всасывал желчь злобы ее против Симеона, с колыбели слышал одну песню: "Расти, расти, материнские слезы на злодее вымести!" Когда наступил отроческий возраст мой, меня разлучили с матерью: король указал отдать меня в науку в другой монастырь. Тут только проникло в мою душу отчаяние матери, и из ее горьких слов понял я, кто ее злодей. Она не перенесла разлуки со мною и вскоре умерла, а я жил с иноком, моим учителем, и возлюбил науку, как мать свою. Учитель мой был художеством иконописец и ваятель. Скоро перенял я его Художество и превзошел учителя. У другого изучался я музыке и пению. Тут подружился я с Обреном, племянником настоятеля. Святое писание смирило бы душу мою, и сердце мое предоставило бы богу вымещать Симеону обиду матери и отвержение меня от наследия, но, на гибель души моей, в книгохранилище учителя моего была плевела посереди пшеницы, писания отреченные, книги мудрствований, отводящих от бога: Чаровник, Коледник, Путник, научающий ковам еретическим, и Дванадесять звезд, на пагубу безумным, верующим в волхования, призывающим бесов на помощь и ищущим дни рождения своего, санов получения, урока житию и различных напастей и смертей. Из этих книг почерпнул я много таинств природы, но наука, не управляемая верою в создавшего все во благое, есть демонское орудие, нож в руках злодея, сила в мышцах насильника.

Стали меня готовить к искусу на пострижение, но не монашество лежало у меня на сердце. Я бежал и стал обаять и мутить народ недобрыми предвещаниями. Разгневанный Симеон велел поймать меня и заключить в темницу; я принужден был оставить Болгарию и удалиться в Царьград, который давно хотелось мне видеть. Можно ли было найти в целом мире лучше этого поприща для игры необузданных страстей! Вот он, царь земных городов, думал я, пробираясь сквозь толпы народа, который, казалось мне, сошелся со всех пределов мира на годичное торжество. "Что за праздник сегодня, почему открыты все ворота и храмы и народ так безумно гуляет по стогнам?" – спросил я у одного проходящего. "Э, ты, верно, новый человек здесь,– отвечал он, посмотрев на меня,– сегодня большой праздник! пойдем, пойдем в мой приход!" И, взяв за руку, он повел меня на лестницу одного великолепного здания. С трудом пробрались мы сквозь толпу входящего и выходящего народа. В обширных покоях шумно пировали гости вокруг столов. "Малец! пищи и питья!" – вскричал он, усадив меня у стола. Нам тотчас подали вина и разных вкусных блюд. Покуда я смотрел с удивлением на все окружающее меня, товарищ мой ел и хвалил вино и брашна. "Какой же праздник сегодня?" – спросил я его наконец. "Как какой? Протасиев день".– "Так что ж такое?" – "Как что, помилуй! приходский праздник! Ведь мы в приходе всех святых! Ну, с праздником! – сказал он, допивая вино и вставая с места.– Так расплатись же, господин, с хозяином, здесь уж такой обычай, все вскладку: я даю праздник, а ты деньги".

И он оставил меня расплачиваться с содержателем гостиницы.

Этому опыту достаточно было для меня, чтоб понять жизнь цареградскую, но молодость увлекла меня, я понял только, что есть условия жизни, кроме тех, к которым я привык на родине, что можно жить на счет других, что умный обман и умная подлость пользуются иногда всеми преимуществами жизни добродетельной.

Преданный страстно искусству, я не оставил его, видел все лучшие произведения искусств, скоро сам приобрел известность, но все это так слилось с развратом души, что не знаю, выкупил ли я чистоту ее сорокалетним покаянием.

Я свел знакомство с разгульной молодежью эвномии цареградской. Тут мог бы я видеть, как подают пример попирать законы те, которые должны освящать их своим поведением, но в пылу разгула я часто тешился вместе с ними в промышленную игру, каким образом, законным порядком, правого обвинять, виновного оправдать.

Надо тебе сказать, что года за четыре до моего прибытия в Царьград, дед твой Симеон, предав огню и мечу Македонию и Фракию, стал уже Станом близ Влахерны[54]. Патриарх и вельможи вышли с дарами просить о мире и пощаде города. Но он требовал, чтоб сам император явился к нему как к победителю и сам просил его о мире. Роман должен был покориться необходимости. Можешь судить, до какого унижения дошел новый Рим под великолепием одежд своих. Весь двор и дружина императорская в торжественном облачении сопровождали Романа в стан Симеонов, и народ смотрел с оград цареградских, как поклонялись перед варваром знамена греческие и как легионы, ударяя в золотые, серебряные и медные

---

[54] Вельтман использует сочинение продолжателя "Хроники Георгия Амартола". Далее в описании унижения Романа автор использует тот же источник (см.: Истрин В. М. Хроника Георгия Амартола. Пг., 1920, т. 1).

щиты, возглашали его царем. Не было уже людей, которые бы чувствовали и понимали это унижение. В Царьграде были промышленники, облеченные в сан вельмож, промышленники, облеченные в блестящее оружие, но не было ни истинных вельмож, ни воинов. Торговцам ли было думать о чести и славе общей, а не о собственной выгоде? Им ли было вымерять пальмой и взвешивать на весах ум и душу человеческую?

Когда узнали, что Симеон снова поднимается войной на Царьград, злоумышленники возмутили народ, распустив слухи, что таинственные надписи на подножии мраморного всадника, стоящего на площади Таврической, предвещают последние времена греческого царства и что придет великан и в прах разорит Царьград.

Эта статуя, привезенная из Антиохии, просто было изображение Беллерофона, поражающего химеру, по подобию человека, в образе зверином, поборника древнего змия. Но невежественный народ верит скорее недобрым слухам. Толпы стекались на Таврическую площадь смотреть с ужасом на статую. Напрасно явились новые толкователи и уверяли всех, что хотя по словам, начертанным на подножии, и придет какой-то великан разорять греческое царство, но по другой надписи, находящейся на копыте коня, до этого не допустит лежащий под стопами коня человек в странной одежде.

Симеон в самом деле вступил уже в Загорье и разбил сторожевое войско союзников греческих, Сербов.

Народ впал в совершенное уныние.

Посреди этих смут пришел ко мне Домн Мартин, один из приятелей моих эвномитов.

"У тебя,– говорит,– есть образ болгарского короля Симеона: изваяй его в большом размере".

"Зачем?"

"Нужно, после скажу, возьми что хочешь".

Мне нужны были деньги, и я изваял в колоссальном размере лик отца моего...

"Смотри же,— сказал он, взяв от меня изваяние,— это тайна, никому ни слова, а то будет плохо".

Тут Воян остановился и вздохнул.

– Ты слышала, Райна, – продолжал он, – про событие, случившееся в Царьграде, перед смертью короля Симеона.

– Ах, слышала про это чудо! – отвечала Райна.

– Ну, слушай же дальше, как делаются такие чудеса. Когда до меня дошли слухи, что Беллерофон обратился в образ Симеона, я не понял, с какою целью это было сделано, но, прибежав на площадь и узнав, как неизвестный человек сотворил чудо, срубил мнимую мраморную голову и сжег ее на костре, я понял, в чем дело. Невольно содрогнулся я, вспомнив чары чернокнижия, каким образом извести врага своего, заочно отпев и истерзав на части изваянный из воску его лик.

Ввечеру Домн Мартин пришел ко мне, чтоб вместе идти в Ксенозохию.

"Знаешь теперь,— спросил он, улыбаясь,— какое употребление сделал я с головой Симеона?"

"Знаю,— отвечал я,— недурен отвод".

"Что ж делать: надо как-нибудь восстановлять спокойствие и дух народа. Панический страх обаял весь город, надо было чем-нибудь помогать. Посмотри теперь, все ожили: откуда взялась в войске храбрость, заходили молодцами, каждый готов вызывать Симеона на рукопашный бой! Вот что значит, любезный друг, сердце человеческое!"

Безумно гуляли мы на счет сердца человеческого, когда дошла до меня весть, что Симеон умер именно в тот день и час, когда голова его, изваянная мною из воску, растаяла на костре посреди площади Таврической[55]... О, Райна, Райна! страшно подействовал

---

[55] В "Хронике Амартола" (на которую опирается в данном случае и "Повесть временных лет") смерть Симеона представлена более реалистично.

на совесть мою этот случай. Почернело белое лицо мое, развились и побелели черные кудри мои, опали с меня листья юности моей! Я был союзником демонов, убивших отца моего!.. Совесть стала пытать душу, я бежал из Царьграда и искал уединенного приюта в темных ущельях гор моей родины. В народе носилось давнее поверье, что эта пещера челюсти смерти, и все со страхом обходили ее. Я решился войти и нашел верный приют отшельничества от света. Издавна тут жила уже братия благочестивых втайне от людей и принимала в сожительство только тех, которых и стены монашеские не могли скрыть от гонения и злобы людской. Я упрекал тень матери, что она напела мне месть родному отцу; волею или неволею я был орудием мести, и в сорок лет пустынной жизни не умолил еще бога, чтоб омыл меня от греха и убелил душу мою! Не слова, а дела выкупают душу: в молитве о себе я забыл всех ближних моих, не помыслил о том, что, может быть, совет мой нужен им во благо, а рука в защиту, что еще в силах был бы я стоять на страже у брата Петра, против сетей комиса, врага всему нашему роду. Злодейство свое сложил он на покойного брата Иована, да послал же меня бог принять истину из уст раскаявшегося грешника, исполнителя злой воли комиса.

Ввечеру, перед тем как печальный звон огласил Преславу смерть Петра, пришла мне мысль узнать, что делается там с ближними и кровными моими, и навестить Обреня. Хотелось мне и на тебя порадоваться, Райна. В царские праздники ты сама раздавала помощь бедным. Однажды я стоял на паперти храма в ряду нищих и болящих. Рука твоя, Райна, племеннйца моя, подала и мне милостыню... Припомнишь ли ты старца... всех ты оделила по сребренику, а ему дала два?

— О, добрый сродник мой, — отвечала Райна,— теперь понимаю Я, отчего знакомы мне черты твои! Помню смирение твое, мне казалось, грешно сравнять тебя с теми, которые готовы были вместе с милостынею оторвать благотворящую руку.

Воян отер слезу и продолжал:

– Так вот, я оседлал коня, проехал Котел, вдруг слышу стон; смотрю, у самого входа в пещеру лежит человек, прислоня голову к камню; в одной руке закостенел меч, другая была отрублена, и кровь била из нее как из ключа.

"Что с тобой, брате?" – спросил я, соскочив с коня и подходя к нему.

"Кто это? человек?" – произнес он, приподняв на меня мутные свои очи.

"Человек",– отвечал я и хотел перевязать ему руку.

"Постой! – вскрикнул он, судорожно отдернув отсеченную руку.– Люди обманули меня, сказали, что тут ход в преисподнюю... хотел я сам снести туда душу свою, да вышел опять на свет божий..."

И голос его иссяк, глаза закрылись снова.

"Кто ж тебе отсек руку, брате?" – спросил я.

"Кто?..– отвечал он с усилием.– Отсеки руку, соблазняющую тебя... говорят... а моя рука злое орудие... Я отсек ее!.. О, обманул меня проклятый оружник комиса! Не нанимался я проливать крови короля Петра..."

– О, какая страшная встреча! – произнесла Райна, и слезы брызнули из глаз ее.

– Да, Райна,– продолжал Воян,– не скрылись не только от бога, но и от людей злодеяния комиса. Я хотел спасти жизнь убийцы, чтоб, уличить злодея, но он истек кровью. Я торопился в Преслав, думал объявить народу на соборе о злодеяниях комиса, но дьявол хитрее человека, по его слову народ побил бы меня камнями, и погибли бы втуне мои печали о тебе. Я молчал и сторожил только над твоею участью, предоставив все прочее на волю божию! О, если б ты видела, как я исстрадался в ту ночь, когда Неда сказала мне, что ты отказалась от бегства и решилась отдать себя в жертву комитопулу. Я стоял в храме как исступленный, и – знаешь ли что?

– если б ты подала ему руку свою... Я бы убил его!.. но ты, как голубица, вырвалась из когтей ястреба, воззвала к народу, да тут не было народа: тут, кроме меня, были все рабы комиса... Голос твой отозвался только в моей груди!.. Бог помог мне воспользоваться общей суматохой и спасти тебя... Обними же теперь меня, племенница моя!

Райна бросилась в объятия Вояна.

– Сделай же мне еще милость,– сказала она,– я хочу посвятить себя на службу богу.

– Постой, Райна, не обрекай себя посту и молитве. Ты едва только вступила на путь жизни, а пути божий неисповедимы. У тебя еще есть братья, и не чужда судьба твоя всему царству. Кто знает, кроме бога, не соединена ли она с судьбой Болгарии: и ты не цвет польный и не просто крин благоуханный.

Райна молчала, склонив печально голову.

– Завтра я поеду в Преслав, Райна,– сказал Воян.

– О, что там делается! – проговорила она.

– Что делается? Совершаются судьбы божий,– отвечал Воян тихо.

Глава десятая

Поручив Райну заботам Обреня, Воян решился наконец ехать в Преслав. Тут он узнал, что рати, предводимые комитопулами, разбиты наголову и что все города сдаются на щит грозному, но милостивому Святославу.

Воян хотел видеть Святослава лично. Молва о его великодушии

70

пронеслась по всей Болгарии. Никто не смел противиться грозе меча его, но и никто не жаловался на насилия и грабежи.

Полагаясь на доблесть души князя, Воян решился предстать ему от имени королевны.

Нам известен уже разговор его с ним. Воян был очарован великодушием и красотою князя. Веря обещанию, что он не лишит наследников Петра их достояния, престола, Воян возвратился в подземелье и скрыл от Райны свидание свое с русским князем. Только Обреню доверил он радостные свои надежды и поручил отправиться в Преслав и ожидать приезда Бориса из Царьграда.

По обычаю, принялся он за работу, но не за кисть, а за ваяние.

В продолжение нескольких дней сряду, неутомимо и с какою-то любовию, трудился он над изображением прекрасного, мужественного лица.

Когда черты обозначились уже явственно, Райна обратила невольное внимание на его работу.

— Чей это лик, Воян? — спросила она его.

— Увидишь, Райна,— отвечал он.

Внимательнее стала всматриваться Райна в изображение и часто, оставляя книгу, задумчиво любовалась на прекрасное произведение художника.

— Скажи мне, Воян, это образ живого человека или ты создал его по мысли своей?

— О, это живой человек, — отвечал Воян,— по мысли не создашь подобного.

— Воян, зачем ты это делаешь? — спросила Райна тихим голосом.

Воян так углублен был в работу, что не слыхал вопроса Райны.

— Друг он или враг твой? — спросила она опять.

— Враг, Райна, враг! — отвечал Воян отрывисто и невнимательно.

Райна содрогнулась: ей пришла на мысль исповедь Вояна, цареградское событие и смерть короля Симеона.

И Райна с жалостию смотрела на образ неизвестного; Райне казалось, что Воян похищает чью-то живую душу.

Вот на плечах изображенного героя явилась багряница, под багряницей броня; кисть накинула на все черты цвет жизни, в голубых очах отразился свет, уста разрумянились.

– О боже, боже, кого он изобразил! На этом лике нет вражды и коварства, на челе величие, в очах светлая душа!

И сон Райны был тревожен: изваянный лик превратился в живого человека; она трепещет за жизнь его, хочет сказать ему, чтоб он опасался Вояна и острого его резца, но тут Воян: Райна не смеет произнести слова, старается объяснить витязю знаками, что его убьют, чтоб он шел за нею, что ей известен выход из подземелья, но витязь как будто повторяет собственные ее слова: "Нет, я не бегу, пусть убьют меня!" Вот Воян уже заносит резец – Райна вздрагивает и пробуждается.

Настал день, Воян принялся за окончательную работу. Он вглядывается пристально в образ витязя, поверяет сходство с памятью.

– Воян, для чего тебе это изображение? – спрашивает Райна боязливо.

– Погоди, погоди! – прошептал Воян вместо ответа, окинув недовольным взором работу и бросив кисть, порывисто схватил резец.

– Воян! – вскричала Райна, удерживая невольным движением его руку.

– Что с тобой, Райна? – спросил удивленный Воян.

– Не убивай его! – проговорила Райна умоляющим голосом.

– Понятна мне боязнь твоя, Райна,– сказал Воян, горько улыбнувшись.– Суеверие быстро заражает людей! Знаешь ли, чей это лик, Райна? Это лик врага нашего.

– Все равно,– произнесла Райна.

– Не бойся, племенница моя! Хоть это лик врага нашего, однако ж не для того изобразил я это величие и красоту, чтоб в безумном суеверии сокрушить свой труд. Нет, я хотел только сохранить в память себе и людям лик добросанного князя Святослава.

– Святослава! – произнесла с удивлением Райна.

– Может быть, из врага преобразится он в союзника и братья твои поставят этот лик в престольной палате.

– Сбудется ли это? – сказала Райна, смотря задумчиво на изваяние.– Так ли отражается в глазах его великодушие, как ты изобразил? В самом ли деле так чуден образ его?

– Чуден образ его,– отвечал Воян,– в женах нет тебе подобной, а в мужах ему равного.

По ланитам Райны пробежал огонь, на взор опустились густые черные ресницы. Она молчала, едва переводя дыхание, смотрела на образ Святослава. Горячи ее думки, жарки мысли Райны.

А между тем Святослав мирится в душе с Болгарией.

Приехал к нему от греческого императора калокир поздравлять с победой, утвердить любовь между Греками и Руеью, положить ряд о разделе Болгарии и писать речи на хартию[56]... Никифор назначил калокира правителем той части Болгарии, которая достанется по договору Грекам.

– Ступай к царю своему,– отвечал Святослав,– скажи ему, что чужого наследия не поделю с ним. Пусть шлет с честью в Преслав сына Петрова, Бориса, и будет он нам обоим не противник, а друг и союзник.

Никифор не мог противиться требованиям Святослава.

Он не имел ни сил, ни средств, ни желания ополчиться на внешнего врага: его внимание было устремлено на личного врага, которого он видел в военачальнике Цимисхий.

Победы Цимисхия в Азии над Сарацинами прославлялись

---

[56] На пергамен.– А. Б.

народом, имя его гремело в песнях и стало страшно Никифору, который припоминал, что подобная же слава и победы над Сарацинами открыли и ему путь к престолу, видел охлаждение к себе народа и что-то недоброе в безмолвной покорности всех окружающих: счастие Никифора было на исходе.

В этом положение дел желание Святослава было исполнено беспрекословно: Борис с братом своим с честью был отпущен из Царьграда. Боляре и народ встретили его на краинах царства, а дружина несла на щите к Преславу, где ожидали его русский князь и все священство.

Пораженный сходством Бориса с изображением сестры его, Райны, Святослав крепко обнял его как брата и как хозяина ввел в палаты королевские.

– Теперь я твой гость, Борис,– начал он, переступая порог престольной палаты, но слова его замерли на устах. Лик королевны Райны снова сидит на пристольце. Вот он ожил и с криком: "Брат мой!" –бежит навстречу Борису и бросается в его объятия.

– Князь великий, Святослав, – кто-то говорит Святославу,– ты сдержал слово свое, и королевна сдержала свое.– Но он ничего не слышит; в первый раз в жизни он счастлив и начинает чувствовать в себе полноту жизни.

– Брат, Борис, – сказал он наконец,– пусть и сестра твоя, королевна, меня не чужим называет.

– Райна, это благодетель наш! – сказал Борис, лобзая его лобзанием сердца.– Как меня, брата твоего, люби его больше всех.

Райна взглянула на Святослава, и вся сгорела. Красота ее как будто сбросила вдруг печальные одежды и явилась во всем блеске очарования.

Ни одна победа не празднуется так искренно и радостно, как подвиг великодушия.

Народ со всей Болгарии стекался в Преслав на великий праздник, на благодатную погоду после бури. Взоры всех слезились от радости, и на народе, как на облаке, отражалась радуга мира, знамение завета между Русью и Болгарией.

Когда в день коронования Бориса дружина русская села за браные столы, поставленные на оболонье[57] преславском, и грянула мечами в кованые щиты во славу короля Бориса и гостя его, великого князя русского, Святослав, одушевленный благостию мира, возгласил любимое слово своей матери: Братья! Раскуем мечи на орала, а копья на серпы! Не на кровавом мы поле, не на костях вражьих пируем, не тризну правим!

— Раскуем! — крикнула дружина, и все сложили с себя оружие, возгласили славу союзникам. Пир общий закипел веселием.

— Скину же и я духовное вооружение мое против радостей мира,— сказал Воян,— скину, покуда гощу у вас, и разделю с вами радости мира.

В цвете лет и мужества взор Святослава горел юношеским огнем посереди семьи королевской.

Рано хотела Ольга обуздать пылкий его нрав брачными узами, но для изневоленного сердца они казались тяжкими оковами; и сердце искало воли посереди удалых забав и мира посереди брани. Княгиня Святославова умерла, он был свободен, но душа его привыкла уже к подвигам, к кочевой военной жизни и к славе побед. Врагов Святослав любил более, нежели друзей, и боевой встрече с ними радовался более, нежели победе. Победа давала мир, а он боялся миру.

В Переславе только почувствовал он мир в самом себе и, как будто боясь, чтоб он не нарушился чем-нибудь, желал иметь верный залог этого мира.

Кто, кроме судьбы, мог бы противиться горячему его желанию?

Едва Святослав задумал о чем-то, посереди торжеств и пиров, вдруг явился к нему гонец из Руси с вестию, что великие силы

---

[57] Здесь: под стенами города.— А. Б.

Печенегов грозят Киеву и что великая княгиня Ольга больна, при смерти, и молит сына принять душу матери и похоронить тело. Вслед за гонцом явились и старейшины киевские.

– Княже,– сказали они,– встужились мы по тебе! Чужой земли ищешь ты, а от своей отчуждался![58] Без щита твоего и матерь твою, и детей твоих пленили было Печенеги. Или не пойдешь оборонять нас, или не жаль тебе ни отчины своей, ни близких своих не жаль!

Горьки были Святославу эти вести, горек упрек, горька и разлука с Преславом. Но он не медлил, не задумался – сел на коней с дружиною своею и скоком, летом примчался к Киеву, обнял престарелую мать и детей, собрал войско, загнал Печенегов в далекие степи.

– Сын мой возлюбленный, – сказала Ольга, – теперь ты со мною, и не отпущу я тебя от одра моего до конца дней моих. Довольно уже прославился ты путями ратными и победами; теперь взыщи мира и правды, помысли о уставе земском, устрой царство твое крепкое, державное и честное. Не полагайся ни на посадников, ни на бирючей, сотвори сам наряд в дому твоем. Раскуй мечи на орала, а копья на серпы: оружием не проложишь пути к небу. Будь людям твоим в сень от зною и в покров от хлада, утешь и упокой конечные дни мои!

– Мать моя возлюбленная,– отвечал Святослав,– вкусившему сладкое, горькое не по сердцу. Видел я красные земли дунайские, похвалю ли русские пустыни? Не мил мне Киев, хочу жить на Дунае. Там будет среда земли моей, где сходятся вся благая. Сына Ярополка посажу я в Киеве, Олега в Древлянах, а сам иду на Дунай!

---

[58] В "Повести временных лет" рассказывается, что, после того как воевода Претич снял в 968 г. осаду Киева, печенеги не покинули русскую землю и стояли на р. Лыбеди. "И послали киевляне к Святославу со словами: "Ты, князь, ищешь чужой земли, а свою покинул. А нас чуть было не взяли печенеги, и мать твою, и детей твоих. Если не придешь и не защитишь нас, то возьмут-таки нас. Неужели не жаль тебе своей отчины, старой матери, детей своих? Услышав эти слова, Святослав с дружиною скоро сел на коней и вернулся в Киев; приветствовал мать свою и детей и сокрушался о том, что случилось с ними от печенегов. И собрал воинов, прогнал печенегов в поле, и наступил мир".

Ольга знала причины, которые влекли Святослава на Дунай. Добрыня открыл ей тайну. От Добрынй, который до того уверен был, что после смерти Ольги сестра его Милица будет великой княгиней, не скрылись думы Святослава, нарушавшие его надежды. Со вздохом глубоким сказал он Ольге: "Благоверная госпожа моя, изгубили светлого сына твоего, нашего великого князя Святослава, злые ковы и замыслы болгарские: не взяли они его силой, взяли хитростью. Размирят с Греками и будут держать вместо щита против врагов своих. Шел он воевать Болгарию, а воротился поборником ее, там покинул он всю дружину свою в ограду чужого царства".

Ольга пришла в ужас, узнав, что сын ее готов нарушить мир с Греками. Она хотела узнать, что обольстило Святослава в Болгарии.

– Смею ли тебе открыть, княгиня, госпожа моя, тайну сына твоего! – говорил ей Добрыня. – Распутная сестра королевича болгарского увилась змеей около сердца Святославова, ослепила ум его и поборола силу, мастит ланиты румянцем, облекается в лепоту риз и в златые обложения[59], хитра, как плетения влас своих, злое оружие хитростей болгарских: беда нам настанет!

Ольга поверила Добрыне, а желание Святослава ехать на Дунай убедило ее в истине всего сказанного.

– Сын мой,– отвечала она на слова Святослава,– больно сердцу моему, что ты не возлюбил родины и чуждаешься дому и кровным. Скажи мне истину, какой бисер многоценный обрел ты на Дунае? Кто посеял там для тебя благо, что торопишься пожать его? К чему приковалось там сердце твое?

– В изволениях разума дам ответ,– сказал Святослав,– но в изволениях сердца неволен. Там мирен я духом.

– Нет, сын мой, есть у тебя иное на сердце, ты не смирился, но пал духом. Кто обаял тебя взором своим? Кто умастил тебя ласками своими и усвоил?

---

[59] Здесь: украшения.– А. Б.

– Вышел я из детского возраста,– отвечал Святослав,– и старость не охолодила еще меня. Сам не неволю ничьей души, и моей никто не изневолит, ни силою, ни обольщением.

– Молод еще ты укорять старость холодом, время дает опыт, а ты испытал только строи да пути ратные! Послушай опыта и совета матери: прилепись к истинному богу, он отведет тебя от наваждений дьявольских.

– Прилепился я к богу отцов моих, и воля его отвергнуть меня от себя или беречь в путях моих[60].

– Сын мой,– произнесла Ольга со слезами,– не сноси престола своего на Дунай! На Дунае ищут души твоей! Шел ты за Греков воевать Болгарию, враги Греков были враги твои, кто ж вражду твою претворил в дружбу, а приязнь в размирье?

– Обман и правда,– отвечал Святослав.

– Сын мой, сын! знаю я все! знаю, какими ветрами злодеи Болгары сбили корабль с пути! Знаю, каким золотом прельстили тебя! и за какую плату наняли в свои холопы! Зачем оставил ты рать свою в Болгарии?

– Не оправдаюсь я перед тобою, мать моя,– произнес, вспыхнув, Святослав,– напутствуй меня благословением, я иду к полкам своим.

– О, Святослав,– произнесла Ольга,– нрав твой упорен! Бог с тобой, твори волю свою, но дай мне умереть прежде. Не оставляй меня на смертном одре, погреби меня и иди куда хочешь!

Святослав не мог противиться последнему желанию больной матери[61]. Но просил не говорить ему ни слова о Болгарии.

---

[60] В диалоге Ольги и Святослава Вельтман использует текст летописи, относящийся к юности князя.

[61] Рассказ о жизни Святослава в Киеве также взят из "Повести временых лет": "В год 6477 (969). Сказал Святослав матери своей и боярам своим: "Не любо мне сидеть в Киеве, хочу жить в Переяславце на Дунае.– Там середина земли моей, туда стекаются все блага..." Отвечала ему Ольга: "Видишь – я больна; куда хочешь уйти от меня?" – Ибо она уже разболелась. И продолжала: "Когда похоронишь меня,– отправляйся куда захочешь". Через три дня Ольга умерла, и плакали по ней

Мраком покрылось лицо его, и над взором, как над утренним солнцем, висели тучи, изнывала душа.

Прошла зима, настала весна; силы Ольги быстро таяли вместе со снегом, а душа ее с радостью готовилась к исходу, как дух весны из земных недр.

Только что проклюнулось яйцо нового птенца природы, и прозябшее семя выбежало на вешнее солнце, и воскресшая жизнь подала голос, в Киев прибыл посол из Царьграда и объявил, что василевс – опекун Никифор умер, державу принял Иоанн Цимисхий[62].

Первым условием возобновления мира Греции с Русью Цимисхий полагал вывод русских сил из Болгарии.

– По первому слову не умирюсь с царем вашим, – отвечал Святослав,– хочет он построить мир и положить ряд между Русью и Греками по старине, как было при отце моем, пусть шлет оклады на грады русские и хранит любовь ко мне и ко всем, кто под рукою моею[63].

плачем великим сын ее и внуки ее, и все люди". На следующий, 970 год "Святослав посадил Ярополка в Киеве, а Олега у древлян". Тут как раз случились новгородские послы, прося себе князя. "И взяли себе новгородцы Владимира, и пошел Владимир с Добрынею, своим дядей, в Новгород, а Святослав в Переяславец (на Дунае)".

[62] Иоанн Цимисхий (т. е. коротышка, маленький) – византийский император (969–976) из знатного армянского рода Куркуасов. Пришел к власти в результате аристократического переворота. Вел активную внешнюю политику на Балканах, в Сирии, жестоко расправлялся с многочисленными восстаниями внутри империи.– А. Б.

[63] О посольстве греков рассказывает Лев Дьякон. "С Святославом, предводителем Российской рати, он (император Иоанн.– А. Б.) решил примириться. Итак, отправляет к нему послов с требованием, чтобы он, получив обещанную Никифором награду, по случаю похода против Мисян, возвратился в свои области, к Киммерийскому Боспору, и оставил Мисию, принадлежащую Римлянам, как древнюю часть Македонии". Здесь отчетливо видно коварство византийцев, дезавуировавших своего посла калокира и решивших не только лишить Святослава Дунайских гирл, но и присвоить себе суверенное Болгарское царство! Святослав поступил мудро, не вступая в пререкания о толковании договора и предоставляя грекам самим разорвать его. Он "дал послам Римским следующий гордый ответ:

79

Посол Цимисхия отправился обратно с посланными от Святослава, которые обязаны были, в случае размирья с Греками, явиться к Свенальду, военачальнику русских полков в Болгарии, с указом сосредоточить силы в Преславе, нанять в помощь конницу угорскую и ожидать великого князя[64].

Вскоре прибыл посол и от Бориса с поклоном и дарами. В Болгарии было все спокойно, но по горделивой осанке послов Цимисхия Святослав предвидел грозу, которую готовит он на Болгарию.

– Мать моя! – сказал он..– Честь зовет меня на путь!

– А любовь к матери не удержит! – сказала Ольга, вздыхая.– Вижу, как душа твоя рвется к Дунаю и тоскует; я помолюсь богу, чтоб он поторопил успение мое!.. Бог с тобой!..

Ольга забылась в молитве.

"Что он не оставит сей богатой области, если не дадут ему великой суммы денег, если не выкупят завоеванных городов (во Фракии) и пленных. Ежели Римляне, говорил он, не захотят мне столько заплатить, то да переселятся они из Европы, им не принадлежащей, в Азию!" Второе посольство Цимисхия сообщило руссам: "...советуем вам, как друзьям, немедленно и без всяких отговорок выступить из земли, вам не принадлежащей; не послушав сего совета, вы разорвете союз наш, а не мы". Далее следовали оскорбления и угрозы. "Не вижу никакой необходимости, побуждающей Римского государя к нам итти,– ответил Святослав, –посему да не трудится путешествовать в нашу землю: мы сами скоро поставим шатры свои пред Византийскими воротами..." Император "по невежеству своему... считает Русских слабыми женщинами и хочет устрашить их своими угрозами, как пугают детей разными чучелами". Любопытно, что даже в передаче византийского автора Святослав высказывается красноречивее, чем Иоанн Цимисхий.

[64] Венгры были давними союзниками Руси в войнах с Византией. В 30–40-х г. X в. их нападения на греков координировались с действиями русских князей; во время первого похода Святослава в Болгарию венгерская конница действовала на Днестре; когда в 968 г. отношения Святослава с Константинополем обострились, угры совершили набег на Фессалонику. Святославу первому из русских князей удалось создать настоящий антивизантийский союз: против появившихся во Фракии армий патрикия Петра и Варда Склира он сумел двинуть два отряда: в первом были русские воины, во главе с самим князем. В ожесточенном сражении, описанном летописью, они разгромили войска Петра. Другой отряд состоял из трех частей: первую составляли болгары и руссы, вторую венгры, третью – печенеги; о составе и действиях этого отряда сообщают византийские хронисты Лев Дьякон и Скилица, на которых и опирался Вельтман.

– Сын мой, сын,– сказала она наконец,– преклони чело свое к устам моим! Бог с тобой, да предохранит он тебя, не омовенного крещением, от пыла души твоей. Сын мой! зачем не послушал ты слов моих и не принял божий щит в ограду путей твоих!..

Тихо произнесла Ольга эти слова и закрыла глаза, смоченные слезами.

Предтекущая христианской земли, как денница перед солнцем, как заря перед светом, почила.

И плакались по ней сын ее, внуки и все люди великим плачем.

Первую христианку Руси погребли в Ольмовой церкви во имя Святого Николая, и Святослав не творил тризны или погребального пира на гробе ее.

Первые дни печали его нарушены были известием из Болгарии, что Греки взяли Преслав[65].

Вскипело сердце Святослава. Посадив старшего сына, Ярополка, на великокняжение и назначив в удел сыну Олегу Древлянскую Землю, он торопился в Болгарию. Перед самым отъездом явились мужи новгородские и просили себе князя.

– Кого пошлю вам? – спросил Святослав.

– Дай нам Володимера,– отвечали Новгородцы по научению Добрыни.

– Вот он вам, юный и с вуем своим Добрынею. Добрыня будет кормильцем ему.

И отправился Володимер с Добрынею в Новгород, а Святослав к Преславу болгарскому.

---

[65] Преслав пал уже после возвращения Святослава в Болгарию. Вельтман, очевидно, стремился снять бремя поражений с непобедимого дотоле князя: поэтому в повести, вопреки историческим фактам, Святослав прибывает в Болгарию к началу обороны Доростола,– и тут же вновь покидает поле битвы, бросившись спасать Райну.

Глава одиннадцатая

Святослав предчувствовал, как необходимо присутствие его в Болгарии, но ему нельзя было оторваться с холодным чувством ни от гроба матери, ни от забот о детях, ни от попечений об устройстве земском. По смерти Ольги на него возлегли все тяготы. С нитью жизни ее разорвалось ожерелье обычного порядку. А между тем над Болгарией собирались тучи, никто не предчувствовал грозы, кроме тоскующего сердца Райны.

Воян знал причину уныния племянницы, часто навещал он ее, беседовал с нею о том, что занимало ее душу, и, как благотворная роса, окроплял ее сердце, из которого возрастали роскошные цветы: светлый взор, радостная улыбка и живой румянец. Райна ждала Святослава, как обреченная ему душой и сердцем, судом и рядом.

Тогда как Борис принял отчую державу с любовью народной и стал спокойно, обдуманно, без боязни крамол заботиться об устройстве земли своей, измершей от голода и войны, на престоле цареградском, как на сердце прелестницы, возлегали попеременно искатели ее. Василиса Феофания, по смерти Романа, за малолетством наследников его, Василия и Константина, избирала на престол и ложе, в правители и опекуны людей по сердцу. Первый любимец ее, с которым сочеталась она браком и облекла его в пурпур, был Никифор Фока, грубый, безобразный, но могучий и смелый воин. Духовенство и народ возненавидели его, возненавидела вскоре и Феофания. Выбор ее пал на нового силача и временщика, Иоанна Цимисхия. Этот дебелый Армянин невелик был ростом, но как кованный из железа, наездник, боец и поединщик, прославившийся в боях с Сарацинами. Сблизившись с ним, Феофания обрекла Никифора смерти, и, тогда как он спал, по своему боевому обычаю, в крепких оградах дворца, на раскинутой на полу медвежьей шкуре, тридцать кинжалов приковали его к полу, а злодей Цимисхий хохотал над вылетавшей душою предместника своего и вскоре избран был правителем восточной империи и опекуном малолетних детей василевса Романа.

Но Феофания ошиблась в Цимисхий. Первым его делом было обвинить ее перед народом в убийстве отца, мужа и любимца Никифора, заключить в монастырь и казнить ее сообщников[66].

К нему-то явился комитопул Самуил с братьями и сбродом разных людей; объявил себя воеводой сил Болгарии и просил от имени всего народа защиты против насилия Руси и поставленного ими короля Бориса[67].

– В этом дворце вскормила Греция Бориса, – говорил Самуил,– а он, подкупив Святослава дарами и красотой сестры, заключил с ним союз против Греции.

_____

[66] "Феофана,– пишет Лев Дьяков, – будучи из незнатного рода, превосходила всех женщин красотою и свежестию своего тела; и потому император Роман сочетался с него браком". После смерти Романа она с сыновьями Василием и Константином приняла "от Совета и патриарха Полиевкта власть самодержавную". Никифор Фока, захватив с помощью армии престол, решил легализировать захват власти: "Обручился с супругою императора Романа, прекрасною лакедемонянкою, и, после воздержанного образа жизни, получил склонность к мясоядению". "Чрезвычайно плененный ее красотою,– говорит о Никифоре хронист,– он имел к ней чрезмерную благосклонность". Нетрудно было предположить, что сего могучего воина хватит ненадолго: и действительно – вскоре мы видим Фоку предающимся по ночам молитвам и спящим на полу. Неутомимая Феофания вызывает в столицу соратника Никифора – Иоанна Цимисхия, прячет его у себя, впускает ночью в опочивальню императора, отдыхающего "на полу на барсовой коже и красном войлоке". Вырвав Никифору бороду, заговорщики изрубили его и провозгласили Иоанна императором. Но патриарх Полиевкт, "муж святой, престарелый, но пламенный духом", потребовал у Иоанна соблюсти видимость благополучия, казнив заговорщиков и сослав Феофанию. Предпочтя императорский венец пожилой императрице, Цимисхий так и поступил.

[67] Посольство болгар, о котором сообщает тот же Лев Дьякон, было направлено не к Цимисхию, как пишет Вельтман, а к Фоке во время первого похода Святослава. Оно представляло провизантийскую группировку болгарской знати, следовательно, не могло быть послано комитопулами и скорее могло исходить от двора царя Бориса. Ошибаясь в деталях, Вельтман достигал правильной цели, показывая, что союз Святослава и Бориса был единственным и необходимым средством сорвать коварные замыслы Константинополя, желавшего столкнуть между собой и затем покорить обескровленные народы.

Войнолюбивый Цимисхий радостно принял сторону комитопулов, во-первых, потому, что они были также Армяне родом, а во-вторых, величаясь титулом победителя Востока, он хотел приобрести и титло победителя Севера.

Отправив посла к Святославу с требованием вывести русские войска из Болгарии, он велел перевести победоносную свою рать из Азии в Европу и собрать новые силы в Македонии и Фракии.

Послы греческие, возвратись из Руси с послами Святослава, нашли Цимисхия уже в Родосто, куда перевозились на кораблях азийские войска и где было назначено сборное место всем прочим.

Узнав от своих послов ответ Святослава, Цимисхий велел сказать послам его, что они отправятся вместе с ним в столицу Болгарии и там примут ответ царя греческого к русскому князю.

Назначив полководца Василия предводителем главных сил и поручив передовой отборный отряд, состоявший из наймичей, стратигу[68] Феодору, сам Цимисхий с десятью тысячами старых сослуживцев своих двинулся быстро в горы. Его передовую страшу составлял Самуил с несколькими стами сброда сообщников своих. Зная все тайные пути гор, они провели Цимисхия мимо застав болгарских, и он неожиданно явился из-за высот перед Преславом и напал на русский отряд, занимавшийся ратным ученьем на равнине перед городом[69].

Русский полководец Свенальд был в это время в Доростоле, где

---

[68] Стратиг в Византии – наместник области (фемы), обладавший я ней всей полнотой военной и гражданской власти. Стратиг Феодор – лицо историческое.– А. Б.

[69] Взятие столицы Болгарии было первоочередной задачей Цимисхия: если мы возьмем Преславу, говорил он, то "после того весьма легко преодолеем яростных Россиян". В онисании штурма Вельтман опирался на записки Льва Дьякона, переосмысляя и дополняя их.

стояли русские корабли; в Преславе была только стража королевская и осемь тысяч Руси.

Нечаянное появление неприятеля в то время, когда никто не предвидел войны, не готовился к ней и спокойно наслаждался миром, привело всех в ужас.

Не зная, кто неприятель и откуда взялся, но видя бой за городом, Русские в беспорядке бросились на помощь к своим. Завязалась битва, а между тем ворота городские заперли и завалили. Окруженные со всех сторон, Руссы дрались как львы в продолжение целого дня под самыми стенами: их невозможно было впустить в город без опасения, что с ними ворвется и неприятель. Десять тысяч, пришедших с Цимисхнем, должны были отступить, но к вечеру в помощь Цимисхию прибыл стратиг Федор. Наступившая ночь прекратила битву, а к утру Преслав был уже обложен всеми силами греческого войска. Начался приступ. Тщетно Цимисхий требовал сдачи города. Русь и Болгары стояли на стенах и осыпали стрелами и калеными камнями Греков, которые под прикрытием щитов приставили лестницы и лезли на стены. Стало уже смеркаться. Усилия Греков ослабели. Цимисхий потерял надежду взять Преслав, но злодей комитопул предложил употребить хитрость.

— Воспользуемся темнотой,— сказал он ему,— вели отступить от стен; я со стороны лесу поскачу с отрядом своим мимо твоих войск. Ты преследуй меня как неприятеля. В городе подумают, что пришла помощь, примут за своих, отворят мне ворота, и, когда я буду в городе, начни снова приступ. В суматохе Руссы и Болгары бросятся защищать стены, а я нападу на них с тылу!

Злодейский умысел понравился Цимисхию и удался. Войско Цимисхия отступило от стен. Войска преславские сложили щиты и прилегли на отдых с оружием в руках. Уже смеркалось. На вершинах стражниц городских зажглись костры, весь город и все окрестности озарились заревом. Вдруг за стенами послышался крик, гай и стук оружия. "Наши, наши идут!" – крикнули Руссы, видя, что полки греческие преследуют несущийся во весь опор отряд конницы.

– Отпирай ворота, покуда не налегли на них Греки!

Ворота отперли, комитопул со всем своим отрядом проскакал в город, вслед за ним ряды войск греческих надвинулись на стены с лестницами, оглашая воздух криками и ударами в щиты.

Дружина преславская бросилась защищать стены, но слышат крики и тревогу позади себя, видят бой на прясле ограды. Сердца дрогнули, руки опустились.

Король Борис, окруженный семьей, священством и вельможами, едва только успокоился, отразив первый приступ Греков: он уверен был, что город выдержит осаду до прибытия Свенальда из Доростола и покуда стянут войска из пограничных крепостей Болгарии.

Когда донесли, что отряд Руссов, сражаясь с Греками, приближается к городу, все терялись в догадках, Свенальд ли это или сам Святослав. Сердце Райны билось в нетерпеливом ожидании.

Вдруг раздались снова военные клики, стук оружия, гул труб и котлов. И в эту минуту общего онемения на двор королевский прискакал отряд всадников.

– Спасайтесь! – кричали они в один голос к страже двора.– Греки ворвались в город! Спасайтесь, братья!

Несколько из них соскочили с коней, бросились на крыльцо, вбежали в палаты королевские.

Борис и все окружающие его, пораженные исступленным криком вбежавших юнаков, онемели от ужасу; только дети Бориса вскрикнули и прижались к матери.

– Спасайтесь! Греки в городе! Кони готовы у крыльца! Ведите короля, несите королеву!

И с этими словами один из вбежавших, в кольчуге и шлеме с опущенным забралом, схватил Райну на руки и бросился вон.

— Моя теперь! узнала ты меня? узнала Самуила? — повторял он, спускаясь с крыльца.

— Коня! Брат! на твоих руках король с семьей! — крикнул злодей и вскочил с ношей своей на седло, обхватив правой рукой беспамятную Райну, взялся за узду, сдавил коня и, сопровождаемый тремя всадниками, помчался во весь опор.

Только что он исчез между зданиями, как полк македонской пехоты, преследуя Болгар, вышел на площадь. Отступая к королевскому двору, они вбежали во двор, хотели затворить ворота; но всадники Самуила бросились на них и открыли путь Грекам.

— Борис, ты мой пленник! — сказал один из них королю, которого окружили уже враги его.

— Кто ты, изменник? — вскричал Борис.

— Кто я? Комитопул Аарон, если помнишь.

— Помню, черная душа! еще в детских играх наших ты был изменником! — отвечал Борис.

С королевою, с братом Романом и детьми повели его во всем королевском облачении в стан Цимисхия.

— Здравствуй, король, с королевою и с королевичами! — сказал Цимисхий, усмехаясь.— Не долго ты гостил на родине!

— Здравствуй, хищная птица на чужом гнезде! — отвечал Борис, который знал Цимисхия еще льстивым рабом у подножия Феофании.

— Поезжай же в Константинополь, там еще целы твои игрушки, — сказал Цимисхий, бросив гневный и презрительный взор на Бориса. И немедленно велел отправить Бориса с семьей и брата его Романа в Царьград[70].

---

[70] "Тогда, говорят, Борис, юный государь Мисян... взят был в плен с женою и с двумя малолетними детьми",— пишет Дьякон в рассказе о взятии Преслава. "И приведен к императору, который принял его с честию, называл Государем Болгарову говоря, что он пришел отомстить Скифам за претерпенные Мисянами обиды" Но здесь же сообщается, что "в сей битве весьма много пала и Мисян,

Преслав был занят уже Греками; но бои продолжался в одной части города от восхода зари утренней до восхода звезд. Несколько тысяч Руссов, стесненные в одной из улиц, дрались отчаянно. Как косари двигались они вперед по жниву, устилая землю рядами врагов, смяли их, вытеснили на площадь, и здесь, окруженные со всех сторон, пробили они себе путь к двору королевскому, бросилиеь в отворенные ворота, заперли их за собой, завалили и вырубили всех Греков, которые расположились уже во дворе.

Им легко было бы отстоять высокие ограды замка; по, на беду, около стен были деревянные королевские службы. Греки стали бросать огонь, подожгли, пожар разлился по всему двору, обнял палаты, и несколько тысяч храбрых, непобедимых Руссов погибли в этом адском пламени.

Глава двенадцатая

В тихой, отдаленной от Преслава подземной обители и в глубине души своей Воян радовался о наступившем благоденствии Болгарии. Племенники и Райна умоляли его жить с ними, но он не мог расстаться навсегда с уединением. Он привык к тишине подземной. В свете копится богатство вещественное, а в уединении душевное. И то и другое не для одного себя: есть какая-то потребность делиться с любимыми и добрыми людьми. Каждую неделю являлся Воян в Преслав с богатыми дарами души своей.

сражавшихся с Римлянами, как виновниками Скифского на них нападения". То есть болгары и русские уже ясно увидели своего общего неприятеля Византию, вызвавшую между ними временную вражду.

Борис ждал всегда от него мудрого совета, а Райна утешительной беседы. Несколько уже дней прошло, как он не был в Преславе, никакой недобрый слух не дошел до него. И через кого бы мог дойти? Разве вещун черный ворон сел бы над ныришом и прокричал: "Горе, горе!"

Спокойный, с благими надеждами, выехал Воян из пещеры, сопровождаемый одним из своих собратий. Выбравшись из ущелья гор на дорогу к Преславу, вдруг видит он, что навстречу им едет отряд конницы.

– Что за люди? – сказал товарищ Вояна.– По одежде не Болгары и не Руссы.

– Одежда, кажется, македонская.

– Куда, старцы? – крикнул начальник отряда по-гречески, подскакав к ним.

– В Преслав едем, храбрые воины,– отвечал Воян, удивленный встречею с греческими войсками.

– О, да какие у вас кони! слезайте-ка, поменяемся!

– Возьмите, пожалуй,– сказал Воян,– только чтоб после беды не было, кони с королевской конюшни.

– Неужели? тем лучше! Если ты из Эллинов, отец калугар, так поздравляй и молись богу! Преслав наш! Э нет, стареньки! съели зубы! – продолжал Грек, осматривая коней.

– Чей наш? – спросил Воян.

– Вот хорошо, чей! Здесь сам василевс Иоанн; король болгарский со всей семьей в плену.

– О, неисповедимы дела твои, господи! – проговорил Воян, и у него невольно выступили слезы на глазах.

– Что, заплакал от радости?

– Плачу, – отвечал Воян, – и не постигаю, что вы говорите.

– Да, отец калугар, случилось же так, что в Преславе не успела заняться заря, а мы уже взяли город! Орлами перелетели через горы и стены!

– А Руссы где? – спросил Воян.

– Что нам Русь – петухи, а Болгары мокрые куры; да они же сами просили василевса, чтоб избавил их от насилия Руси.

– Когда сами просили?

– А как же, тайно прислали комитопулов на переговоры.

– Комитопулов! – вскрикнул Воян.

– Чему тут удивляться? Верь мне, что так.

– Не удивляюсь; если комитопулы взялись за дело, так иначе и быть не может! – отвечал Воян.– Прощайте же, боюсь опоздать к вечерни.

– Ну, прощай! а славные кони! Жаль, что старенький!

Грек поскакал с отрядом; а Воян, склонив уныло голову, продолжал путь в Преслав. То пустится быстрой рысью; то думы так отяготят его, что конь чувствует их и шагом везет свою ношу.

Когда из-за утеса открылся город, стан греческий и легионы войска, которые тянулись по дороге к Дунаю, Воян приостановился, вздохнул глубоко и отер слезу.

– Душан,– сказал он спутнику,– посмотри, столица это болгарского царства или могила?

– На какую беду ехать нам туда? – отвечал Душан.

– Что ты это говоришь, Душан! – произнес Воян с упреком и быстро пустил коня по дороге, извивающейся к городу, мимо греческого стана, расположенного на возвышении.

Смиренно просил он на заставах пропустить его в город, называя себя иноком метрополии преславской, из Греков.

– Ступай, ступай, да не в болгарский Преслав лежит этот путь, а в греческий город Иоаннополь, слышишь, старец? – повторяли ему тщеславные покорители столицы.

– Боже небесный! что сталось с Райной? – произнес Воян, подъезжая к королевскому двору, еще дымившемуся после пожару.

Дом ключаря Обреня был подле двора; но все дома на площади и поблизости заняты греческими войсками. Жители стеснились в отдаленных частях города. Туда поехал Воян и по расспросам отыскал Обреня. Старик сидел на завалине одной хижины.

– Все погибло, брат Воян! – сказал он, качая головою.– Сгорело гнездо наше! Злодеи комитопулы продали нас!

– Где король? – спросил Воян.

– В плену.

– Где Райна? – спросил Воян.

– Где? – повторил Обрень и закрыл лицо руками.

– Говори, брате! Умерла?

– О, верно, умерла в руках злодея Самуила!

Белые, волнистые волосы на голове Вояна распустились, повисли куделью, лицо помертвело, но ярко вспыхнули глаза.

– Самуил? – повторил он, слушая рассказ Обреня о событии, которого он был свидетелем.– В палате королевской Самуил? – повторил он еще грознее...– Пусть накажет меня бог вечными муками! Прощай, Обрень!

– Куда, брате?

– Куда! не оставить ли голубя в когтях ястребиных! Нет, найду я ущелья хищника!

– Ищи, брате, ищи! – повторял Обрень вслед Вояну, который вскочил на коня и помчался обратно к своему нырищу.

– Маврень! – сказал он одному из своих собратий.– Помоги горю! Коршун-комитопул похитил племеннйцу мою, унес в свое гнездо! Негде ему свить его, кроме трущобы шумекой, там нанимал он свою шайку. Тебе известны все притоны: ступай, брате, разведай, за какими оградами, за сколькими замками темница королевны!

– Знаю, знаю! – отвечал Маврень.– Где быть, как не в куле главаря урманской вольницы.

И Маврень вооружился с ног до головы, накинул на себя вместо черной ризы суконный красный пласт[71] и отправился в непроходимый лес, который покрывал горы на запад за Преславом.

---

[71] Здесь: плащ.– А. Б.

– Дубравец! – сказал Воян другому старцу.– Ступай, брате, к Доростолу, туда пошел Цимисхий со всеми силами. Разведай, что там деется, чем решится бой Греков с Руссами. Узнай, не прибыл ли сам Святослав из Руси.

Дубравец отправился к Доростолу смиренным иноком, собирающим подаяния. Воян провел три дня, как изнеможенный дряхлый старик, лишившийся уже всех чувств жизни. Как пробужденный от сна, вздохнул он, когда возвратился Маврень.

– Так и есть, в куле у главаря! Я приехал прямо к старому своему побратиму Годомиру. "Откуда, браца?" – "Из сербского плену ушел!" На радости выпили коновку руйного вина. "Ну, как поживаете? где главарь, где момцы гусары? Что нового?" Он и развязал кошель, высыпал все, что за душой было: главарь со всей вольницей на службе у комитопула Самуила, которого царь греческий обещал сделать королем болгарским, и отдал в залог ему королевну. "А где королевна?" – "Здесь, в куле[72].

С меня и довольно было этих вестей. "Прощай же, браца,– сказал я ему,– еду на войну, что мне здесь делать". И уехал.

– Ну, Маврень, спасибо! – сказал Воян, оживая.– Теперь на долю нам трудная работа; надо выкрасть королевну, покуда тать не возвратился в вертеп свой.

– Выкрасть? нет, Воян, из кулы не выкрадешь! Высоки стены, крепки замки! Там взаперти живут жены главаря; ни входа, ни выходу, ни им, ни к ним. Сторожат их обрезанцы да старые ведьмы. А вокруг стен стража, день и ночь. Можно бы взять теперь кулу силой, да где силы взять.

– Где взять? – повторил Воян, задумавшись. – Едем, Маврень, найдем силу!.. Эх, из Доростола нет вестей! Да все равно, нечего медлить! в Святославе русском наша помощь, другой нет, едем к нему, хоть в Русь!

На пути встретил Воян Дубравца, посланного в Доростол.

---

[72]Башня; здесь: укрепленное гнездо разбойников. – А. Б."

– Что нового? Что нового?

– О, битва великая идет на Дунае, Святославу бог помогает!

– Там он? – вскричал радостно Воян и, не ожидая других вестей, помчался во весь опор, как лихой, смелый юнак, гонящийся за славой.

Между тем как быстро всходили и созревали горькие беды Болгарии от семян, насажденных коварством комиса и комитопулов, между тем как народ поливал слезами опавший цвет блага своего, а Райна, измирая в печалях и ужасе, молилась о смерти, стоя на коленях перед светом божиим, проникавшим через окно под потолком в келий её заключения,– Святослав летел на крыльях к Дунаю и прибыл в Доростол, когда над любимцем его, Огнемиром, совершалась тризна и войско пало духом.

– У кого на душе горе и отчаяние, на лице печаль и боязнь, кому смерть страшна, вон из рядов и из стана русского! – вскричал он к воинам.

– Нет нам страху с тобою! – крикнули воины, и душа встрепетнулась у всех, взоры ожили.

– Братья и дружина,– возгласил он, устроив рать к бою.– Все воротим, кроме мертвых!

И дружина русская, ударяя радостно в щиты, двинулась за ним на горы, возвышающиеся над Доростолом, где был укрепленный стан Цймисхия, облегавший город.

Началась сеча. Десять тысяч Руссов шли на сто тысяч Греков.

– Братья и дружина! – возгласил снова Святослав к утомленным воинам,– собирайте последние силы! Не устыдим земли Русской! победим или сложим головы!

– Где твоя ляжет, там и свои сложим! – возгласили воины, прогремев мечами в щиты[73].

---

[73] Вельтман пересказывает "Повесть временных лет". Этот текст настолько замечателен, что его следует привести в оригинале. Когда русские вышли на битву и убоялись огромного войска неприятельского, "рече Святослав: "Уже нам не камо ся дети, волею и неволею стати противу; да не посрамим земле Руские, но ляжем

Цимисхий почувствовал присутствие Святослава; имя русского князя разнеслось по рядам греческим, и, разбитые, разметанные, сто тысяч в беспорядке отступили с поля.

Укрепленный стан достался в добычу Руссам; ночь прекратила сражение. Святослав стал под черным знаменем на костях греческих, в шатре Цимисхиевом и послал сказать Грекам: "Потяну на вас, до града вашего, и стану на костях ваших посереди града!"

Могучий борец Цимисхий, надеясь на свою личную силу более, нежели на войско, предложил Святославу вызов на поединок: "Кто из нас победит, тот и владеет обоими народами".

– Во чье имя и место царствует Цимисхий в Греции?– спросил Святослав посланного.

– Во имя и место малолетнего сына Романова Василия и брата его Константина,– отвечал он.

– Так пусть же он на кон не ставит чужого добра и наследия; а если ему, военачальнику царскому, наскучила жизнь, так избирай он иной любой путь к смерти.

Цимисхий был тот же человек, который наездничал в Азии перед полками и вызывал арабских витязей на бой; но, сорвав могучей рукой пурпур с плеч Никифора, ему незачем уже было тянуться; осмелиться на решительную борьбу с Святославом значило бы насиловать свое счастье и подвергать опасности приобретенную славу героя. Бой с Святославом нисколько не походил на азиатские игры в войну[74].

костьми, мертвый бо срама не имам. Аще ли побегнем, срам имам. Не имам убежати, но станем крепко, аз же пред вами пойду: аще моя голова ляжет, то промыслите собою". И реша вой: "Идеже глава твоя, ту и свои головы сложим!" И исполчишася русь, и бысть сеча велика, и одоле Святослав, и бежаша греци".

[74] Действительно, в Азии византийцы не сталкивались с серьезной пехотой и сами основным родом войск считали уже тяжеловооруженную конницу. Скоротечные столкновения кавалерии, в которой одна сторона поспешно спасалась бегством, засады и ловушки стали основой тактики, описанной не только в хрониках, но и в трактате Никифора Фоки "О сшибках с неприятелем". Показательно, что Лев Дьякон, посвятивший свое сочинение почти исключительно описанию войн, специально подчеркивает стойкость только у воинов Руси. "Как скоро Римские

Цимисхий решился искусить Святослава золотом, а вместе с тем желал выведать, как велико число его дружины.

– Не сильны мы против тебя стоять, прими дары наши и скажи, сколько вас, и дадим по числу голов,– льстиво сказали Греки. "Суть бо Греци льстивы и до сего дни" – говорит летопись.

– Злато и паволоки отрокам моим,– сказал Святослав,– а драгоценное оружие принесли вы на голову свою, если военачальник ваш не освободит короля Бориса с семьей и не пойдет с миром в град свой!

Посланные возвратились к Цимисхию с ответом Святослава и сказали:

– Грозен и лют этот муж, презирает золото, а любит острое железо![75]

– Так мы пойдем, вопреки его нраву, иными путями, будем договариваться о мире, покуда придут корабли мои на Дунай,– сказал Цимисхий.

И снова послы греческие явились в стане Святослава, но, к удивлению, их не допустили к нему. Сперва сказали им, что светлый князь велел обождать; потом, что велел спросить, зачем приехали, наконец, объявили им, что если они прибыли с миром и

войска сошлись к городу Дористолу,– пишет он, –...то Тавроскифы, сомкнув щиты и копья, наподобие стены, ожидали их на месте сражения... Войска сошлись; и началась сильная битва, которая долго с обеих сторон была в равновесии. Россы, приобретшие славу победителей у соседственных народов, почитая ужасным бедствием лишиться оной и быть побежденными, сражались отчаянно". Византийцы "видят отважное стремление Россов"; признают, "что сей народ отважен до безумия, храбр, силен"; передают, "что побежденные Тавроскифы никогда живые не сдаются неприятелям". Знаменательны и слова, сказанные, согласно хронисту, Святославом под Доростолом, когда в крайнем положении кто-то предложил прорываться на Русь: "Погибнет слава, спутница Российского оружия... если мы теперь постыдно уступим Римлянам. Итак, с храбростию предков наших и с тою мыслию, что Русская сила была до сего времени непобедима, сразимся мужественно... У нас нет обычая бегством спасаться в отечество, но или жить победителями, или, совершивши знаменитые подвиги, умереть со славою!"

[75] Рассказ о посольстве от Цимисхия приведен в "Повести временных лет"

согласием на волю великого князя, то могут заключить договоры в совете бояр его; а если хотят торговаться, то с чем приехали, с тем бы ехали и назад.

Этот ответ довершил сомнение греческих посланных; они заметили смуту и колебание в словах сановников Святославовых. Объявив, что без воли царской не могут решиться на предлагаемое, они возвратились в свой стан.

— Не знаем причины, отчего смутило прибытие наше сановников русских,— сказали они Цимисхию.— Когда мы просили и несколько раз повторяли требование лично видеть князя, они всегда уходили, долго не возвращались и потом выдумывали какое-нибудь затруднение видеть его. Он, верно, болен он раны: недаром Анема критский похвалился, что в битве встретил он самого Святослава, дал ему сильный удар в голову, сбил с коня и, если б "е подоспел княжеский оружничий, убил бы его или взял в плен.

— Нет, это только уклонение Руссов от мира,— сказал Цимисхий, довольный новостью, сообщенною послами.— Тем лучше! корабли мои прибыли.

И немедленно Цимисхий велел идти кораблям своим к Доростолу и, вступив в бой, осадить город со стороны Дуная. По данному знаку к сражению развернулось царское знамя, и Цимисхий двинулся со всеми силами на нагорный укрепленный стан Руссов. Началась жаркая битва. Бодро Руссы отражали наступающие полки врагов; но голос Святослава не раздавался перед рядами, не вызывал дружину свою на победу или на гибель. Не будь боя позади ее, на Дунае, она бы отстояла поле; необходимость принудила отступить в стены Доростола и обороняться за оградами.

Флот греческий стеснил русские корабли под самым городом, занял рукав Дуная, облегающий Доростол. Руссы были осаждены со всех сторон; уныла душа их; не слыхать живительного голосу.

— Братья мои и отроки! не умирать нам взаперти, умрем лучше в открытом поле!

Но где же Святослав?

С полком отчаянных всадников мчится он к куле главаря урманского.

Воян явился к нему в стан под Доростолом и с слезами на глазах сказал ему:

– Князь Святослав, спаси королевну, племеннйцу мою, покуда не пришло время конечной ее погибели!

– Воян! – сказал Святослав.– Я добуду ее из плену греческого! Борис воссядет на престол свой!

– О, если б она была с братьями своими в плену у Греков, я бы ждал спокойно твоей победы: кто против бога и тебя, Святослав.

– Где же она? – вскричал Святослав.

– Где? Пойдем, выручим ее! Возьми полк дружины с собою, и, бог даст, завтра в ночь рассыплем стены ее темницы, куда заключил ее хищник комитопул.

Не задумался Святослав, не выждал утра; велел вскочить на коней всадникам полка княжеского и, как туча на ветрах, понесся вслед за Вояном и Мавренем в трущобы шумские.

Не слезая с коней, мчались они ночь и день; к вечеру Маврень сказал:

– Стой! Близко. Кони измучились, надо дать им отдых да решать, что делать. Здесь одной силой не возьмешь: стены высоки; покуда взберемся на них по высоким елям вместо лестниц да заведем бой, стража урманская не ляжет мертва, не вырезав всех жен главаря; а вместе с ними и Райне будет та же участь. Был такой пример при Симеоне.

Поразила, эта новость Святослава; у него и душа и руки жаждали кровавого боя.

– Что ж будем мы делать? – вскричал он.– Или подползем гадами под сонных злодеев?

– Э, нет, князь великий,– отвечал Маврень,– мы повестим о приходе своем гулкими бубнами, звонкою песнею! Я научу певцов твоей дружины петь такую песню, что гусары встретят нас как родных. Пойте, братья, за мной:

> Гой, гусаре, песню заневахме!
> Иди, песня, из уст в уста ладно!
> Встречай, Майя, единого сына,
> А сестрица – родимого брата,
> А девица – заручника-друга!

Ладно пойте, братья!

> Гой, спытаем, все ли гласы вкупе,
> Нет ли в битве со врагом измолкших?
> Слышно ль Майе радостный глас сына?
> А сестрице – ласковый глас брата,
> А девице – сердечный глас друга?

Ладно! пойте, братья!

> Чу, навстречу идут домачицы,
> Копят слезы на печаль, на радость,
> Отзовется ль радостный глас Майе,
> А веселый – милице-сестрице,
> А сердечный – душице-девице?

Ладно! Ну, я еду вперед повещать, что идем; спуститесь с горы, я буду уже у оград кулы. Послышите звук рога – запевайте; по второму знаку – рысью выберетесь из лесу на долину; тут ни дороги, ни тропинки нет; а доедете до речки, речкой по воде вправо; ступайте, куда извивается между крутью берегов, приведет под скалу; тут налево выбита по скале дорожка в гору, как раз к воротам кулы. Ну, с богом!

И Маврень помчался рысцой вперед; подъехав к воротам оград

кулы, он затрубил с треском в медный рог, так что стражи над воротами и на боковых башнях вздрогнули и в один голос подали оклик.

– Спите вы, братья! По первому звуку голоса не подали! а главарь со всем гусарством под горой! – вскричал Маврень.– Да, ну! не слышите! откладывай ворота! – И Маврень загремел в рог снова.

Дружина Святославова с звонкой песнею вышла из лесу в долину, покрытую непроходимым терном. На противоположном берегу, на обрывистой скале, видны были стены и башни кулы. По камышкам речки, как между двумя гранитными стенами, пробирались они к куле.

Между тем всполошенная стража подала знак старшине и привратнику. И когда по второму звуку рога отвалили ворота, Святослав с дружиной своей скоком взлетел по вырубленной в скале от истока речки дороге, и прежде нежели стража кулы опомнилась, он уже был на дворе замка. Стража перевязана, все входы и выходы заняты Руссами.

Убитая горем, выплакавшая все слезы скорби и любви, Райна не привыкла еще засыпать под черными сводами своего заключения. Вокруг закоптелых стен широкие лавки устланы были дорогими коврами, обложены подушками, и это составляло все украшение покоя. Пространен, мрачен и пуст он был; слабый свет ночника в стене освещал Райну; Райна сидела, склонив голову на кисть руки, как бездыханная, а в углу спала старуха.

Дни Райны как будто кончились: нет для нее будущего, все чувства жизни погрузились в прошедшее, в страшный мир думы, населенный призраками живого и мертвого. Все тут перед ней: что сбылось, что виделось и чувствовалось, и близкие душе, и враги, и свет, и мрак, и все смута, которая не дает сердцу ни жить, ни умереть.

Вдруг послышался звук рога; Райна очнулась, затрепетала и упала на колени, обратив очи к разжелезненному окну под самым потолком.

Раздался второй звук рога, послышался шум, голоса все ближе и ближе.

— Боже небесный! вынь душу мою из тела! – вскричала Райна, с ужасом оглянувшись на дубовую дверь, обитую железом, когда раздался стук и загремел голос: "Отворите!"

Вздрогнула и старуха спросонок.

— Кто там? – крикнула она, подбежав к двери.

— Отворяй, Жика! – повторил голос.

— Староста! Зачем это он! – сказала старуха, вынимая запор. Дверь заскрыпела, кто-то откинул ее нетерпеливо.

— Райна! – раздались знакомые голоса.

Райна вскинула руки, хотела вскрикнуть, но голос измер на устах ее.

— Райна! Душица моя! Смотри, вот он, спаситель твой! – повторял Воян, приподнимая ее и целуя в плечо.

— Воян! не место здесь радоваться! – сказал сурово Маврень.

— Правда, правда! – отвечал Воян.– Пойдем скорее! Благодарность твоя еще впереди.

Святослав помог Райне спуститься с каменных крутых лестниц. Они сошли на широкий двор, где перевязанная стража кулы окружена была русской дружиной.

— Вы будете свободны,– сказал Святослав,– в городе вашем все цело. Скажите главарю, что мы взяли только свое!

— Спасибо за милости! Да что нам в них! – отвечал старшина стражи.– Не вы изрубили нас, оплошных, так изрубит главарь. Были в руках ваших жены его или нет, да порог переступила чужая нога, их пометает главарь со скалы.

— Спаси несчастных, князь Святослав! – сказала Райна.

— Ступайте служить мне; а жен освободим.

— С женами что хочешь делай, они не виноваты и вольны; а мы со стражи не пойдем! – отвечал старшина.

— Не пойдем! – повторили все.

— Жаль мне вас, храбрых! — сказал Святослав.— Но делать нечего: правы и честны ваши слова!

По приказу князя отперли терема. Маврень объявил женам главаря, что они свободны и чтоб скорее выходили из своего заключения.

— Я здесь не в неволе,— отвечала каждая из них,— от мужа своего не пойду, а убить убейте, воля ваша.

— Уж это таков народ! — сказал Маврень.— Ну, бог с ними, поезжайте, покуда из соседней кулы урманской не пришли на помощь.

Райну посадили на коня. Подле нее с одной стороны ехал Святослав, с другой — Воян.

Дружина выбралась со двора и понеслась вслед за князем: часть ее осталась еще, чтоб прикрывать путь от преследований.

Дорогой Райна узнала о судьбе братьев своих и Преслава.

— Куда же едем мы? — спросила она.

— Нет тебе теперь иного прибежища в Болгарии, кроме стана Святославова, — отвечал Воян.

Вот спустились уже с гор, едут по течению Зары, вдали открылась туманная даль: это берега Дуная. Стало смеркаться; на возвышении около селения загорелись огни.

— Это войско,— сказал Маврень.

— Должна быть стража, но Русь или Греки — неизвестно.

Посланные проведать донесли, что это Греки в окопе. Нахмурилось чело Святослава.

— Братья,— сказал он к дружине,— две первые сотни следуйте позади; вам на руки королевна болгарская; а прочие за мной, открывать путь к Доростолу!

И Святослав поскакал прямо на стражу греческую. Греки расположились около огней, ужинали беззаботно; откуда было им ждать неприятеля: Руссы в тесной осаде.

Внезапный гай[76] налетевшей русской дружины всполошил их; они схватились за оружие, бросились к коням; но поздно: Руссы смяли их, окружили со всех сторон, обезоружили.

– Отдать им коней: пусть скачут в стан свой и повестят, что следом за нами идет русский князь и дружина русская,– сказал Святослав.

Грекам отдали коней, и они, как вожатые дружины русской; мчались вперед и на плечах своих принесли ее на левое крыло стана греческого.

Святослав сдержал слово, открыл путь к Доростолу. Все левое крыло разметалось от мечей его, бежало на высоты, где была ставка царская. Суматоха распространилась по всему стану. Цимисхий содрогнулся, когда ему донесли, что сам Святослав явился с великими силами от вершин Дуная.

А между тем русский великий князь вступил во врата Доростола и встретил в них Райну.

Палаты королевские в Доростоле возвышались над самым Дунаем. За садами, на островах, стояли ряды насади русских; а за плавнями, по гирлу, развевались на мачтах греческие флаги; далее взор терялся в равнине степи и туманах, скрывающих Карпатские горы.

"Боже, боже,– подумала Райна, смотря в окно,– населится ли когда-нибудь эта степь жизнью или заглохнет пустынею. Рассеятся ли эти туманы или скопятся в новые тучи над нами?"

– Не задумывайся, Райна,– сказал Воян,– божья защита тебе в Святославе.

– А в ком мое счастье? – произнесла печально Райна.

– В Святославе,– отвечал тихо Воян. Пылкий румянец оживил лицо Райны.

– Не говори, чего не знаешь, Воян.

– Говорю то, что знаю, Райна.

---

[76] Боевой клич.– А. Б.

– Нет, не знаешь,– сказала Райна,– мне кажется, горе застлало все небо моей жизни и ясные дни не мне!

– Райна, Райна! не возмущай черной думой будущего! Знаешь ли, добрая моя: ясный светлый взор человека разгоняет хмару жизни! Смотри радостнее и надежнее.

– Не могу,– отвечала Райна.

Положение Руссов в Доростоле было отчаянно. Припасы вышли; не дух иссяк в русской дружине, а телесные еилы, от недостатка в пище, от беспрестанного труда и боя.

Святослав не предвидел никаких надежд к верной победе; но на его руках была судьба Болгарии и Райны.

– Заключи мир, князь, довольно уже пролитой крови на земле нашей,– говорил ему Воян.– Огради только державу Бориса от насилий твоим заступлением.

Святослав склонился на мир и отправил посла к Цимисхию сказать, что он оставит Болгарию, если Цимисхий возвратит престол болгарский королю Борису.

Цимисхий рад был предложению и желал иметь личное свидание с русским великим князем.

Тщеславные Греки думали поразить Руссов богатством, торжественностью и блеском своим, хотели строить на поле, между войск греческих и русских, для свидания монархов великолепный феатрон; но Святослав сказал, что он будет видеться с Цимисхием на берегу Дуная.

Святослав приехал на условленное место в ладье, в обыкновенной полевой одежде, без малейших признаков сана своего; сам греб веслом и причалил к берегу, когда приблизился к нему Цимисхий в окладе великолепия царского, сопровождаемый ликом чинов двора своего и телохранителями в блестящем большом наряде[77].

---

[77] Переговоры эти описаны Львом Дьяконом: император "в позлащенном вооружении, на коне приехал к берегу Истра, сопровождаемый великим отрядом всадников, блестящих доспехами. Святослав переезжал через реку в некоторой

Цимисхий сошел с коня, Святослав сидел на скамье ладьи. Это было свидание благородного белого лебедя с напыщенным павлином. Но великолепие померкло перед величием; кичливость и гордыня преклонились перед достоинством; тщеславие поникло перед славой.

Греки дивились дебелому мужеству Святослава, стройному его стану и благообразию. Под густыми бровями взор голубых глаз был сурово-спокоен; нос не походил на клюв римский; на голове хохол, признак великого рода русского, и в ухе серьга, украшенная жемчужинами и рубином, как у благорожденных предков раджей[78].

Мир был заключен.

— Королевна, избирай теперь по воле твоей,– сказал Святослав.– Хочешь ли остаться в Болгарии и положиться на покровительство царя греческого до возвращения брата твоего в Преслав или поручишь себя гостеприимству земли Русской, покуда исполнится миром родной край твой?

— Враги комитопулы еще живы, и коварство их не измерло еще,– сказал Воян.– Где ж верное ей прибежище в Болгарии? Волку ли Цимисхию поручить охранять агницу? Здесь один я сродник Райне, не оставлю ее; вместе с нею прошу твоего гостеприимства, князь великий.

скифской ладье и, сидя за веслом, греб наравне с прочими без всякого различия. Видом он был таков: среднего роста, не слишком высок, ни слишком мал, с густыми бровями, с голубыми глазами, с плоским носом, с бритою бородою и с густыми длинными висящими на верхней губе волосами. Голова у него была совсем голая, но только на одной ее стороне висел локон волос, означающий знатность рода; шея толстая, плечи широкие и весь стан довольно стройный. Он казался мрачным и диким. В одном ухе висела у него золотая серьга, украшенная двумя жемчужинами с рубином, посреди их вставленным. Одежда на нем была белая, ничем, кроме чистоты, от других не отличная. Итак, поговорив немного с императором о мире, сидя в ладье на лавке, он переправился назад".
[78] Обычай русских- князей носить длинный чуб и серьгу Вельтман считал одним из древнейших у индоевропейцев, находя ему аналогии в древней Индии.

– Просьбу дяди повторяю и я, сирота беспокровная,– сказала Райна.

– Не сирота ты, Берислава,– сказал Святослав.– В какой семье ты не будешь родною, в чьем сердце любимою?

Между тем как писцы писали на хартии совещания, дружина Святославова садилась на корабли. Когда приложились золотые печати и Святослав с Цимисхием разменялись грамотами, поднялся златотканый парус и на великокняжеском корабле.

Воян поручил Мавреню сказать собратьям, что, погостив на Руси, к ним приедет умирать.

Стая русских кораблей плыла по Дунаю ключами; громкие бубны и гулкие трубы вторили песни. Греки стояли на горе и смотрели на отъезд замиренных врагов своих.

Вот выплыли корабли Святослава в широкое море; тихо плескало оно перекатными волнами, крутило кудри, ласково осыпало ребра насадов крупным жемчугом, горделиво вздувалось.

> И, утробу смиря,
> Чем-то чванилося.

Сидит Святослав рядом с Райной, на чертоге мамонтовом, под навесом с золотой бахромой; говорит умильные речи.

> А она, как заря,
> Разрумянилася.

Не посмотрит печально на исчезающие берега родной Болгарии; склонила очи.

> И от сладкого сна
> Не пробудится.

Позабыла, что было, и не думает,

> Не гадает она,
> Что с ней сбудется!

Пробежали корабли Святославовы по Черному морю, вступили в Днепр. Здесь на родных водах вышли Руссы на остров в самом устье, под вековым навесистым дубом, обставив его стрелами, принесли они в жертву Перуну и богам-покровителям домашних птиц, поклонились в землю, облобызали ее, испили Днепра, потом, навязав на голубей алые ленты, пустили их на волю, и все молча смотрели, куда они полетят.

– Ты хочешь знать, Райна, для чего это мы делаем? – сказал Святослав. – Эти голуби вывезены из наших городов. Быстро полетят они к дому и принесут на родину радостную весть о нашем счастливом возврате.

Высоко вспорхнули освобожденные голуби; долго кружились по воздуху в какой-то нерешительности: куда лететь? вились, вились и вдруг дружно стали опускаться на мачты.

– Не к добру! – закричали воины.– Что-то путь застлало! Не понесли доброй вести!

Невольно побледнела Райна; вздохнул Воян; Святослав посмотрел на Райну и задумался; невесело села дружина на корабли. Поплыли вверх по Днепру. Тяжелы что-то насады, дружная песня не ладится, не придает силы веслам.

Белобережье, русское место и замок при переправе через Днепр, по пути из Руси в Корсунь, разорены Печенегами. Прошли мимо; подъезжают к порогам, стражи приблизились к лесистому острову близ малого порога... Вдруг зашипели стрелы по воздуху, из лощин по берегам Днепра с криком и гамом нагрянули несметные силы Печенегов, заступили берега, сыплют стрелы.

– Возьмите окуп и идите прочь,– так велит им сказать Святослав.

— Возьмем и с головами вашими! — отвечают они. Только за Райну трепещет Святослав. Велит отступать.

Великокняжеский корабль, как и прочие насады, не крытый, чертог под золоченой кровлей и златоткаными завесами не ущитит от стрел. Воины оградили его своими щитами.

Святослав на корме, Воян уговаривает Райну не страшиться.

— Не за себя боюсь я! — отвечает она.

Под тучами стрел отчаливают ладьи. Печенеги следят берегом. Но кони их утомляются; насады быстро мчатся по течению Днепра.

В Белобережье решается Святослав выйти на берег и ждать помощи из Киева.

Но едва успели занять разоренный замок Белобережья, возвышавшийся на крутизне над Днепром, и завалить ворота, Печенеги обложили его со всех сторон.

— Здесь не страшны они нам,— говорит Святослав,— недалек отсюда Киев.

Отчаянных посылает он тайно пробраться мимо Печенегов и дать знать Ярополку, чтоб торопился со всей дружиной киевской к Белобережью.

Проходят дни, а помощи нет. Припасы выходят.

— Возьмите какой хотите окуп,— велит сказать Святослав Печенегам,— возьмите все сокровища мои и идите прочь.

— Ты наше сокровище!— отвечает Куря.— Отдавайся, возьмем тебя и пойдем.

Святослав в нетерпеливом ожидании помощи грозно произносит уже имя Ярополка, сына своего.

Проходит месяц; припасы на исходе; воины едят уже конину, изнемогают, но не ропщут: Святослав терпит одну с ними участь. Только гостей своих угощает он остатками хлеба и припасов.

Воян как будто не горюет; а Райна молчит и качает головою.

Вдруг является гонец из орды, облегающей город.

— Заключим мир, белый царь,— говорит он.

– Что требуете в окуп, все дам,– отвечает Святослав.

– Окуп невелик, пустой окуп, да на том стоим теперь. Золота не надо: за золото продали мы твою добычу.

– Добычу всю отдам.

– Спасибо за всю, а ты добыл в царстве болгарском красную девицу. За ней приехала погоня, наняла нас за дорогую цену выручить ее. Так ты и отдай ее нам и ступай себе с богом.

– Гоните его! – вскричал Святослав.

– Гоните, пожалуй,– говорил Печенег, уходя,– да я чем виноват, я не свое говорю. Ты, белый царь, увез любовницу у болгарского воеводы Самуила; а он с войском пришел выручать ее; да и нас нанял. Вольно тебе было прогонять нас, как шел в Болгарию: пригодились бы.

– Сын Ярополк! – грозно проговорил Святослав.– Чтоб ты погиб, как гибнет отец твой!

– Слышишь, Воян,– тихо сказала Райна,– Самуил и здесь меня преследует!

– Не страшны тебе здесь его преследования,– отвечал Воян.

– Если я погибну, никто ничего не потеряет; а если погибнет Святослав, погибнут братья мои и Болгария... Правда, Воян?

– О, сохрани его бог! – отвечал Воян.– Без его заступления или комитопулы, или Греки положат конец Болгарии!

– Я готова идти в окуп, другого нет спасения! – проговорила тихо Райна.

– Полно, Райна, печалиться! – сказал Воян. Райна не отвечала ни слова.

Настала ночь осенняя, ясная ночь; серебряный лик луны, отражаясь в Днепре, дробился на волнах. Вокруг стен раскинут город юрт, повсюду разложены огни, меткие стрелки печенежские дозирают под самыми стенами; только что чья голова покажется на ограде замка, тетива запоет, стрела зажужжит черным жуком, а Печенег кричит: "Бар!" – есть!

Около полуночи на кровле белой теремной башни, возвышавшейся над самым Днепром, показался кто-то облеченный тенью набежавшего облачка.

"Бар!" – крикнул Печенег. Облачко пронеслось, луна осветила башню: на вершине ее как будто легкий призрак под белым покрывалом склонился на перилы.

– Эге, Кардаш! – вскрикнул Печенег.– Да это белая голова!

– Да, белая, белая! Смотри, это девица под фатой сидит, пригорюнилась.

– Эй, смотрите, девица или дух какой-нибудь!

– Пугнем!

– Нет, постой, сказать ноину[79], убьем без спросу, так еще беда будет.

– Сказать так сказать!

– А как уйдет!

– Не уйдет! – сказал Печенег, стоявший дозором против башни.

– А ты что за порука?

– А мне что, я сказал так, да и только.

Собрались толпы Печенегов, смотрят на диво; идут толки, шум, рассуждают, будить ли своего ноина.

– Вот тебе раз! будить для таких пустяков! что он, не видывал, что ли, девичьей головы?

– И то дело!

Столпившиеся Печенеги встревожили стражу русскую; она подала весть. Дружина изготовилась к защите стен, ожидала приступа.

Вот уже рассвело, настал день. Печенеги продолжают дивиться на вершину башни; неподвижно сидит дева, приклонясь к перилам; ветер играет ее длинным белым покрывалом.

ю между тем в замке хватились Райны.

– Князь Святослав,– говорит Воян в отчаянии,– вчера не понял я

---

[79] Нойону; здесь: ордынскому воеводе.– А. Б.

слов ее! Она решилась пожертвовать собою, она, верно, нашла выход из города в стан печенежский и сама предалась в руки врага своего.

– Кони! Со мною! – вскричал Святослав, и со всеми остальными всадниками своими он ринулся из ворот в стан печенежский. Как громовая стрела летит посереди врагов, все крушит и ломит, пробивает к юртам Куря, но он уже один посереди тысяч, стряхивает с себя стрелы, отбрасывает сабельные удары вместе с руками. Но вдруг остановился он, как мета стрелам, ножам и саблям, смотрит на вершину башни, забыл о врагах и пал под ударами их.

Не стало Святослава[80]. Бросился было Свенальд с пешей дружиной на помощь ему; но в орде раздавались уже исступленные клики победы. Свенальд отступил в замок. Дружина высыпала на ограды, а Воян на вершине башни стоял уже на коленях перед Райной. Райна сидит на скамье, склонив голову на перила, покоится тихим сном. Ветер играет покрывалом, обвевает ее. Но сон ее вечен. Вонзившаяся стрела облита кровью ее сердца. И Воян уснул подле Райны, склонив голову на ее колена.

Свенальд дождался помощи из Киева и возвратился в Русь[81];

---

[80] "Повесть временных лет" так описывает гибель великого князя: "Заключив мир с греками, Святослав в ладьях отправился к порогам. И сказал ему воевода отца его Свенельд: "Обойди, князь, пороги на конях, ибо стоят у порогов печенеги". И не послушал его, и пошел в ладьях. А переяславцы послали к печенегам сказать: "Вот идет мимо вас на Русь Святослав с небольшой дружиной, забрав у греков много богатства и пленных без числа". Услышав об этом, печенеги заступили пороги. И пришел Святослав к порогам, и нельзя было их пройти. И остался зимовать в Белобережье, и не стало у них (русских.– А. Б.) еды, и был у них великий голод, так что по полугривне платили за конскую голову. ...Когда наступила весна, отправился Святослав к порогам. И напал на него Куря, князь печенежский, и убили Святослава, и взяли голову его, и сделали чашу из черепа, и пили из него". В Тверской летописи есть запись XI–XII в., что "чаша сия и доныне хранима в казнах князей печенезких, пия же из нея князи со княгинею в чертозе, егда поимаются, глаголюще сице: "каков был сий человек, его же лоб есть, таков буди и родившея от нас".
[81] В летописи сказано просто: "Свенельд же пришел в Киев к Ярополку".

Белобережье заняли Печенеги и назвали Кизикерменом, или Крепостью Девы.

Исполнил ли Цимисхий договор с русским князем? Нет. Возвратившись в Царьград, он торжествовал победу над Руссами. Потом призвал к себе Бориса и с высоты величия своего объявил пленнику, что он подает ему в милостыню – царство Болгарское; но на условии быть покорным велениям его.

Гордо и презрительно усмехнулся Борис.

– Мое наследие возвращает мне князь русский,– отвечал он,– и ты для меня не более как исполнитель условий, заключенных с ним.

Разгневанный Цимисхий не продолжал разговора. Надеясь еще смирить гордость Бориса, он медлил воздать ему честь как королю Болгарии. Но, боясь новой войны с Святославом, он наконец решился смирить собственную гордыню.

Царедворцы явились к Борису с багряницей, золотым королевским венцом и прочей одеждой.

– Царь милостив,– сказали они,– испытал твое достоинство, возвращает твои королевские знамения и просит на свидание.

В это-то время возвратился в Царьград Самуил-комито пул и объявил о смерти Святослава.

Злобная радость заиграла в очах Цимисхия.

– Ведите же короля болгарского с честью на великую площадь, к храму Святой Софии,– сказал он,– там встречу я его и совершу торжество.

И совершилось неслыханное дотоле торжество. С почестями встретил Цимисхий Бориса, как короля болгарского в храме Святой Софии; а патриарх по вновь установленному обряду развенчал его. Сняли с Бориса златой венец, багряницу, червленые сапоги, приняли державу и все знамения царства болгарского принесли в дар богу[82].

---

[82] "Окончив торжественное шествие посреди города",– пишет Лев Дьякон, император Иоанн Цимисхий "вступает в великий храм Премудрости божией,

Самуил-комитопул с братьями назначены правителями областей Болгарии. Прошло пять лет; Цимисхий умерщвлен; Самуил отложился от Греции. Брат его Давид умер, Моисей погиб при осаде города Серры, брата Аарона велел сам убить и – облекся в королевские одежды.

Но это была последняя вспышка самобытного существования Болгарии посереди крамол и кровопролитных войн с Грециею.

С 1019 года Болгарией правили уже наместники василевсов греческих.

совершает благодарственные моления и, посвятивши богу великолепный Мисийский венец, как первую корысть, приходит с Борисом, царем Мисии, во дворец и приказывает ему сложить с себя царские знаки. Они были следующие: шапка, обложенная пурпуром, вышитая золотом и осыпанная жемчугом, багряная одежда и красные сандалии". Так, заключает хронист, Византия покорила себе Болгарское царство. Но это была временная победа.